# L'homme le plus riche de Babylone

*George S. Clason*

**Table des matières**

| | |
|---|---|
| Préface | 1 |
| L'homme qui désirait de l'or | 3 |
| L'homme le plus riche de Babylone | 11 |
| Les sept moyens de remplir une bourse vide | 25 |
| La déesse Chance | 47 |
| Les cinq lois de l'or | 62 |
| Le prêteur d'or de Babylone | 76 |
| Les murs de Babylone | 91 |
| Le marchand de chameaux de Babylone | 96 |
| Les tablettes d'argile de Babylone | 110 |
| Le Babylonien le plus favorisé par la chance | 122 |
| Un sommaire historique de Babylone | 144 |

**Voilà que l'argent abonde pour ceux qui comprennent les règles simples de l'acquisition de biens.**

1. Commencez à garnir votre bourse.
2. Contrôlez vos dépenses.
3. Faites fructifier votre or.
4. Empêchez vos"trésors de se perdre.
5. Faites de votre propriété un investissement rentable.
6. Assurez-vous un revenu pour l'avenir.
7. Augmentez votre habileté à acquérir des biens.

Published by
Dauphin Publications
www.daupub.com
Cover art © 2023
ISBN: 9781939438867

# Préface

La prospérité du pays dépend de la prospérité financière personnelle de chacun de nous.

Ce livre traite des succès personnels de chacun de nous. Le succès vient des réalisations consécutives à nos efforts et à notre savoir-faire. Une bonne préparation est essentielle au succès. Nos actions ne peuvent pas être plus sages que nos pensées. Notre façon de penser ne peut pas être plus sage que notre entendement.

Ce livre de thérapeutique pour les bourses démunies constitue un guide en matière financière. C'est en effet son but : offrir à ceux qui ambitionnent un succès financier une vue qui les aidera à obtenir de l'argent, à le garder et à le fructifier.

Dans les pages qui suivent, nous vous amenons à Babylone, berceau des principes de base de la finance, reconnus encore de nos jours et appliqués à travers le monde.

L'auteur souhaite que son livre soit une inspiration pour ses lecteurs, comme il l'a été pour tant d'autres dans tout le pays, afin qu'ils puissent gonfler leur compte en banque, remporter des succès financiers grandissants et découvrir la solution à leurs problèmes financiers.

L'auteur profite de cette occasion pour exprimer sa gratitude envers les administrateurs qui ont généreusement distribué ces contes à leurs amis, parents, employés et associés. Aucun appui n'aurait pu être plus convaincant que celui de ces hommes pratiques qui ont apprécié cet enseignement et ont réussi en appliquant les principes mêmes rapportés dans ce livre.

Babylone devint la ville la plus riche du monde dans les temps anciens, parce que ses citoyens furent les plus riches de leur époque. Ils appréciaient la valeur de l'argent et pour cela appliquèrent de solides principes de base pour l'acquérir l'argent, le garder et le faire fructifier. Ils se sont procuré ce que nous désirons tous: un capital pour l'avenir.

G.S.C.

L'argent est la mesure universelle du succès dans notre société.

L'argent fournit la possibilité de jouir des meilleures choses de l'existence.

L'argent abonde pour qui saît comment l'acquérir.

Aujourd'hui, l'argent est soumis aux mêmes lois qu'il y a six mille ans, alors que les hommes prospères déambulaient dans les rues de Babylone.

## L'HOMME QUI DÉSIRAIT DE L'OR

Bansir, le fabricant de chars de la ville de Babylone, était totalement découragé. Assis sur le mur qui entourait sa propriété, il regardait tristement sa modeste maison et son atelier dans lequel se trouvait un char inachevé.

Sa femme venait souvent à la porte. Elle jetait un regard furtif dans sa direction, lui rappelant que la nourriture allait bientôt manquer et qu'il devrait plutôt se dépêcher de finir le char, le clouer, le tailler, le polir, le peindre, étirer le cuir sur la roue, afin de pouvoir le livrer et être payé par son riche client.

Cependant, son corps gras et musclé restait immobile, adossé au mur. Son esprit lent se butait à un problème auquel il ne trouvait aucune solution. Le chaud soleil tropical, si commun dans la vallée de l'Euphrate, s'abattait sur lui sans merci. Des gouttes de sueur perlaient sur son front puis tombaient sur sa poitrine velue.

En arrière-plan, sa maison était dominée par les murs en terrasses qui entouraient le palais royal. Non loin, la tour peinte du Temple de Bêl se découpait dans le bleu du ciel. Dans l'ombre d'une telle grandiosité se dessinait sa modeste maison, et bien d'autres encore, beaucoup moins propres et soignées.

Telle était Babylone: tout à la fois somptueuse et simple, éblouissante de richesse et ternie par une terrible pauvreté, sans ordre, pêle-mêle, à l'intérieur des murs de la ville.

En se retournant, Bansir aurait remarqué les bruyants chars des riches qui bousculaient et repoussaient les commerçants en sandales et les mendiants aux pieds nus. Même les riches devaient poser les pieds dans les rigoles pour libérer le chemin aux longues files d'esclaves et de porteurs d'eau "au service du roi". Chaque esclave transportait une lourde peau de chèvre remplie d'eau qu'il versait sur les jardins suspendus.

Bansir était trop préoccupé par son propre problème pour entendre ou prêter attention au vacarme confus de la ville achalandée. Ce furent les notes familières d'une lyre qui le tirèrent de sa rêverie. Il se retourna et vit la figure expressive et souriante de son meilleur ami — Kobbi, le musicien.

«Puissent les dieux te bénir avec une grande générosité, mon bon ami, dit Kobbi avec un grand salut. Il me semble qu'ils ont été si généreux que tu n'as plus à travailler. Je me réjouis de ta chance. Plus, je voudrais la partager avec toi. Prie que de ta bourse, qui doit être pleine puisque tu n'es pas en train de peiner dans ton atelier, tu puisses sortir seulement deux modestes shekels et me les prêter, jusqu'après le festin des hommes nobles, ce soir. Tu ne les perdras pas, ils te seront rendus.»

«Si j'avais deux shekels, répondit Bansir tristement, je ne pourrais les prêter à personne, ni même à toi, mon meilleur ami, parce qu'ils seraient toute ma fortune. Personne ne prête toute sa fortune, même à son meilleur ami.»

«Quoi! s'exclama Kobbi stupéfié. Tu n'as pas un shekel dans ta bourse et tu restes assis comme une statue sur la muraille! Pourquoi ne termines-tu pas ce char? Comment peux-tu assouvir ta faim? Cela ne te ressemble pas, mon ami. Où est ton énergie débordante? Y a-t-il quelque chose qui t'afflige? Les dieux t'ont-ils causé des problèmes?»

«Ce doit être un supplice des dieux, répondit Bansir. Cela a commencé par un rêve; un rêve vide de sens, dans lequel je pensais que j'étais un homme fortuné. À ma ceinture pendait une belle bourse remplie de lourdes pièces que je lançais avec une insouciante liberté aux mendiants, des pièces d'argent avec lesquelles j'achetais des atours à ma femme et tout ce que je désirais pour moi-même; j'avais aussi des pièces d'or, qui me rendaient confiant en l'avenir et libre de dépenser l'argent. Un merveilleux sentiment de satisfaction m'habitait. Tu ne m'aurais pas connu en tant que travailleur acharné, pas plus que tu n'aurais vu ma femme ridée. À la place, tu aurais vu son visage éclatant de bonheur, souriant encore comme au début de notre mariage.»

«Un beau rêve, en effet, ajouta Kobbi, mais pourquoi des sentiments si plaisants devraient-ils te changer en statue immobile ?»

«Pourquoi, en effet? Parce qu'au moment où je me suis réveillé et que je me suis rappelé combien ma bourse était vide, un sentiment de révolte m'a emporté. Parlons-en ensemble, comme disent les marins, nous voguons tous deux à bord du même bateau. Enfants, nous sommes allés chez les prêtres pour apprendre la sagesse. Jeunes hommes, nous avons partagé les mêmes plaisirs. Adultes, nous avons toujours été de bons amis. Nous étions satisfaits de notre sort. Nous étions heureux de travailler de longues heures et de dépenser notre salaire à notre gré. Nous avons gagné beaucoup d'argent durant les années passées, mais pour ce qui est des joies de la richesse, nous pouvons seulement en rêver. Bah! Sommes-nous de stupides moutons? Nous vivons dans la ville la plus riche au monde. Les voyageurs disent qu'aucune autre n'égale sa richesse. Devant nous s'étale la richesse, mais de cette richesse, nous n'avons rien. Après avoir passé la moitié de ta vie à travailler durement, toi, mon meilleur ami, tu n'as qu'une bourse vide et tu me dis: 'Puis-je t'emprunter la modeste somme de deux shekels jusqu'après le festin des nobles, ce soir?' Alors, qu'est-ce que je réponds? Je dis: 'Voici ma bourse; j'en partage avec plaisir son contenu.'? Non, j'admets que ma bourse est aussi vide que la tienne. Quel est le problème ? Pourquoi ne pouvons-nous pas acquérir plus d'argent et plus d'or — plus que ce qui est suffisant pour assurer la nourriture et les vêtements?

«Considérons aussi nos fils, ajouta Bansir. Ne suivent- ils pas les traces de leurs pères? Devront-ils, avec leurs familles et leurs fils et les familles de leurs fils, vivre au milieu de tous ces ramasseurs d'or et n'avoir que du lait de chèvre sûr à boire et de la bouillie à manger ?»

«Jamais, depuis toutes ces années que nous sommes amis, tu n'as parlé ainsi», répliqua Kobbi, tout intrigué.

«Jamais, durant toutes ces années, je n'ai pensé comme cela. De l'aurore jusqu'à la nuit tombée, j'ai travaillé à fabriquer les plus beaux chars qu'un homme puisse faire, osant à peine espérer qu'un jour, les dieux reconnaîtraient mon talent et m'accorderaient une grande prospérité, ce qu'ils n'ont jamais fait. Finalement, j'admets qu'ils ne le feront jamais. Donc, je suis triste. Je désire être riche. Je veux posséder des terres et du bétail, jouir de beaux vêtements et sentir ma bourse pleine d'argent. Je suis prêt à travailler pour cela de toutes mes forces, avec toute l'habileté de mes mains, avec toute l'adresse de mon esprit, mais je désire que mes peines soient récompensées. Qu'est-ce qui nous arrive? Je te le demande encore! Pourquoi n'avons-nous pas une juste part des plaisirs si abondants que ceux qui ont de l'or peuvent se procurer?»

«Malheureusement je ne connaissais pas la réponse! répondit Kobbi. Je ne suis pas plus satisfait que toi. L'argent que me procure ma lyre est vite dépensé. Souvent, je dois planifier et calculer pour que ma famille ne souffre pas de la faim. Aussi, dans mon for intérieur, j'ai un désir profond de posséder une lyre assez grosse pour faire retentir la grandiose musique qui me vient à l'esprit. Avec un tel instrument, je pourrais faire une musique si suave que le roi lui-même n'en aurait jamais entendu de pareille.»

«Tu devrais avoir cette lyre. Personne dans la ville de Babylone ne pourrait la faire résonner mieux que toi, la faire chanter si mélodieusement que, non seulement le roi, mais les dieux eux-mêmes en seraient émerveillés.

Mais comment se la procurer alors que tous les deux, nous sommes aussi pauvres que les esclaves du roi? Écoute la cloche! Ils s'en viennent.» Il pointa une longue colonne d'hommes à moitié vêtus, les porteurs d'eau qui revenaient de la rivière, peinant et suant, par une rue étroite. Ils marchaient, cinq de front, courbés sous la lourde peau de chèvre remplie d'eau.

«L'homme qui les conduit a une belle apparence.» Kobbi pointa l'homme qui agitait la cloche et marchait devant, sans charge. «Un homme bien en vue dans son pays, cela se devine aisément.»

«Voici plusieurs bonnes têtes dans le groupe, dit Bansir, aussi bien que nous. Des hommes grands et blonds du Nord, des hommes noirs et rieurs du Sud et des petits basanés des pays voisins. Tous marchant ensemble de la rivière aux jardins, des jardins à la rivière, chaque jour de chaque année. Aucun bonheur à espérer. Ils dorment à même la paille et mangent de la bouillie. J'ai pitié de ces pauvres brutes, Kobbi!»

«J'ai pitié d'eux aussi. Mais sommes-nous vraiment mieux lotis qu'eux, bien que nous nous disions libres.»

«C'est vrai, Kobbi, mais je préfère ne pas y penser. Nous ne voulons pas continuer d'année en année à vivre en esclaves. Travailler! Travailler! Travailler! Et n'arriver à rien.»

«Pourquoi ne chercherions-nous pas à savoir comment les autres acquièrent l'or et faire comme eux?» interrogea Kobbi.

«Peut-être y a-t-il un secret que nous pourrions apprendre si seulement nous nous efforcions de trouver ceux qui le connaissent», répondit Bansir pensivement.

«Aujourd'hui même, souligna Kobbi, j'ai croisé notre vieil ami Arkad se promenant sur son char doré. Inutile de te dire qu'il ne m'a même pas regardé; ce que plusieurs dans sa position peuvent considérer comme son droit. Plutôt, il a fait un signe de la main pour que les passants puissent le voir saluer et accorder la faveur d'un sourire amical à Kobbi, le musicien.»

«Beaucoup le considère comme l'homme le plus riche de tout Babylone», dit Bansir.

«Si riche, dit-on, que le roi sollicite sa fortune pour les affaires du trésor», répliqua Kobbi.

«Si riche, interrompit Bansir, que si je le rencontrais la nuit, je serais tenté de le soulager de sa bourse!»

«C'est absurde! rétorqua Kobbi. La fortune d'un homme n'est pas contenue dans la bourse qu'il transporte. Une bourse garnie se vide vite sans réserve pour l'alimenter. Arkad a une rente qui remplit continuellement sa bourse, peu importe la façon dont il dépense.»

«La rente, voilà ce qui est important, lança Bansir. Je veux une rente capable d'alimenter sans cesse ma bourse, que je m'assoie sur le mur ou que je voyage en pays lointains. Arkad doit savoir comment un homme peut s'assurer une rente. Crois-tu qu'il puisse expliquer cela à un esprit aussi lent que le mien?»

«Je pense qu'il a transmis son savoir à son fils Nomasir, répondit Kobbi. N'est-il pas parti pour Ninive et, selon ce qu'on répète à l'auberge, n'est-il pas devenu, sans l'aide de son père, l'un des hommes les plus riches de cette ville?»

«Kobbi, ce que tu viens de me dire a fait surgir une superbe idée en moi.» Une nouvelle lueur parut dans les yeux de Bansir. «Il n'en coûte rien de demander un sage conseil à un bon ami et Arkad fut toujours un ami. Peu importe si nos bourses sont aussi vides que le nid du faucon de l'année dernière. Ne nous laissons pas arrêter par cela. Nous nous inquiétons de manquer d'or, au milieu de l'abondance. Nous désirons devenir riches. Viens! Rendons-nous chez Arkad et demandons-lui comment nous pouvons, nous aussi, obtenir des rentes pour nous-mêmes.»

«Tu parles sur le coup d'une inspiration véritable, Bansir. Tu apportes à mon esprit une nouvelle compréhension de notre affaire. Tu me fais prendre conscience de la raison pour laquelle nous n'avons jamais eu notre part de richesse. Nous ne l'avons jamais cherchée activement. Tu as travaillé patiemment à construire les chars les plus solides de Babylone. Tu as concentré tous tes efforts dans ce but. Alors, tu as réussi. Je me suis efforcé de devenir un joueur de lyre de talent et j'y suis parvenu.

«Là où nous avons tout mis en œuvre pour réussir, nous avons réussi. Les dieux étaient contents de nous laisser continuer ainsi. Maintenant, enfin, nous apercevons une lumière aussi brillante que le lever du soleil. Elle nous ordonne d'apprendre plus pour devenir plus prospères. Avec un nouvel entendement, nous trouverons des façons honorables de satisfaire nos désirs.»

«Rendons-nous chez Arkad aujourd'hui, reprit Bansir. Invitons également les amis de notre enfance qui n'ont pas mieux réussi que nous, à se joindre à nous, pour partager sa sagesse.»

«Tu es un ami vraiment attentif, Bansir. C'est pour ça que tu as beaucoup d'amis. Faisons comme tu dis. Allons aujourd'hui et amenons nos amis avec nous.»

# L'HOMME LE PLUS RICHE DE BABYLONE

Dans l'ancienne Babylone vivait un homme très riche nommé Arkad. Son immense fortune poussait tous à l'admiration. Il était aussi reconnu pour ses prodigalités. Il donnait généreusement aux pauvres. Il était généreux avec sa famille. Il dépensait beaucoup pour lui-même. Malgré cela, sa fortune s'accroissait plus rapidement qu'il ne pouvait la dépenser chaque année.

Un jour, des amis d'enfance vinrent le voir et lui dirent: «Arkad, tu as plus de chance que nous. Tu es devenu l'homme le plus riche de tout Babylone, alors que nous peinons à juste subsister. Tu peux porter les plus beaux vêtements et savourer les mets les plus rares, tandis que nous devons nous contenter de vêtir nos familles de façon à peine convenable et de les nourrir du mieux que nous le pouvons.

Pourtant, un jour, nous étions égaux, étudiant sur le même banc à l'école et jouant aux mêmes jeux. Tu ne nous as surpassés ni dans les jeux, ni dans les études. Et pendant toutes ces années, tu n'as pas été meilleur citoyen que nous.

«Pour peu que nous puissions en juger, et n'as pas non plus travaillé plus dur ni plus assidûment que nous.

Pourquoi, alors, le sort capricieux te choisit-il pour t'octroyer toutes les bonnes choses de la vie et nous les enlever, nous qui sommes également méritants?»

Là-dessus, Arkad les réprimanda en disant: «Si vous n'avez accumulé aucune richesse depuis les années de votre jeunesse, c'est faute d'avoir appris les règles qui permettent d'accéder à la richesse ou de les avoir observées.

« "La Destinée Capricieuse" est une vile déesse qui n'apporte de bien en permanence à personne. Au contraire, elle mène l'objet de sa bienfaisance - de l'or acquis sans peine - à la ruine. Elle amène les gaspilleurs irréfléchis à agir d'une façon déréglée en dépensant tout ce qu'ils reçoivent, leur laissant seulement des appétits et des désirs si grands qu'ils n'ont plus la capacité de les combler. Pourtant, d'autres qu'elle favorise deviennent avares et amassent des biens, ayant peur de les dépenser car sachant qu'ils n'ont pas l'habileté de le remplacer. De plus, ils craignent d'être assaillis par les voleurs et se condamnent eux-mêmes à vivre une vie vide, seuls et misérables.

«Probablement que d'autres peuvent prendre cet or acquis sans peine, le faire fructifier et continuer quand même à être des hommes heureux et des citoyens satisfaits. Cependant, ils sont peu nombreux. Je ne les connais que par ouï-dire. Pensez à ces héritiers soudain d'une fortune et voyez si ces choses ne sont pas vraies.»

Ses amis acceptèrent ses paroles comme vraies, ayant connu des hommes qui avaient hérité de fortunes.

Ils l'empressèrent de leur expliquer comment lui, en était venu à être si prospère. Alors, il continua:

«Dans ma jeunesse, j'ai regardé autour de moi et j'ai vu toutes les bonnes choses susceptibles de favoriser mon bonheur et ma satisfaction, et je me suis rendu compte que la richesse augmente le pouvoir de ces choses.

«La richesse est un pouvoir. La richesse ouvre les portes à beaucoup de choses.

«Elle permet d'embellir sa maison avec les plus beaux meubles.

«Elle permet de voguer sur des mers lointaines.

«Elle permet de déguster les délicatesses des pays les plus éloignés.

«Elle permet d'acheter des diadèmes chez l'orfèvre ou le joaillier.

«Elle permet même de construire de gigantesques temples pour les dieux.

«Elle permet tout cela et encore bien d'autres bienfaits qui procurent un plaisir des sens et une satisfaction de l'âme.

«Lorsque j'ai compris tout cela, je me suis promis d'obtenir ma part des bonnes choses de la vie. Je ne serais pas avec ceux qui se tiennent à l'écart, regardant jalousement les autres jouir de leur fortune. Je ne me satisferais pas de vêtements moins chers qui ne seraient que respectables. Je ne me contenterais pas du lot d'un pauvre homme. Au contraire, je serais invité à ce festin des bonnes choses.

«Comme vous le savez, je ne suis que le fils d'un humble marchand, au sein d'une famille nombreuse, aussi n'avais-je aucun espoir d'héritage. De plus, je n'étais pas doué, comme vous me l'avez dit si franchement, de force et de sagesse; alors, j'ai décidé que si je devais obtenir ce que je désirais, cela me demanderait du temps et de l'étude.

«Pour ce qui est du temps, tous les hommes en disposent en abondance. Chacun de vous a laissé passer tout le temps qu'il faut pour s'enrichir.

«Pourtant, vous admettez que vous n'avez rien à montrer, à part vos bonnes familles dont vous pouvez légitimement être fiers.

«Pour l'étude, notre sage professeur nous a très justement enseigné qu'elle comprenait deux niveaux : les choses que nous avions apprises et que nous savions déjà; et la formation qui nous montrait comment découvrir ce que nous ne savions pas.

«Alors, j'ai décidé de trouver le moyen d'accumuler la richesse, et quand je l'ai trouvé, je me suis empressé de m'atteler à la tâche, de mon mieux. Car n'est-il pas sage de vouloir profiter de la vie pendant que nous demeurons à la lumière du soleil, puisque les malheurs s'abattront assez vite sur nous au moment de notre départ vers les ténèbres du monde des esprits?

«J'ai trouvé un emploi de scribe dans la salle d'archives où pendant de longues heures je travaillais sur des tablettes d'argile, jour après jour, semaine après semaine, mois après mois. Cependant, de ce que je gagnais, il ne me restait plus rien.

La nourriture, l'habillement, le service pour les dieux et d'autres choses dont je ne me souviens plus absorbaient tous mes bénéfices. Mais j'étais toujours déterminé.

«Un jour, Algamish, le prêteur d'argent, vint à la maison du maître de la ville et commanda une copie de la neuvième loi, ajoutant : "Je dois avoir cela en ma possession dans deux jours; si le travail est prêt à temps, je te donnerai deux pièces de cuivre."

«J'ai travaillé dur, mais la loi était si longue que lorsque Algamish est revenu, le travail n'était pas fini. Il était fâché et, si j'avais été son esclave, il m'aurait battu. Sachant que le maître de la ville ne lui aurait pas permis de me frapper, je n'avais pas peur et lui proposa : 3Algamish, vous êtes un homme riche. Dites-moi comment je peux devenir riche et je travaillerai toute la nuit à graver l'argile de sorte que quand le soleil se lèvera, la loi sera écrite."

«Il me sourit et répondit: Tu es un petit malin, mais c'est un marché conclu.

«Alors, toute la nuit, j'ai gravé, jusqu'à en avoir mal au dos et mal à la tête à cause de la mauvaise odeur de la lampe. Je ne pouvais presque plus voir les tablettes. Mais quand il revint au lever du soleil, les tablettes étaient finies.

«Maintenant, ai-je dit, à vous de tenir votre promesse.

«Tu as respecté ta parole mon fils, me dit-il avec bonté, à moi de respecter la mienne.

Je te révélerai les choses que tu désires savoir parce que je deviens âgé et que les vieilles langues aiment à parler. Et lorsqu'un jeune va vers une personne âgée pour recevoir un conseil, il puise à la sagesse de l'expérience. Trop souvent, les jeunes croient que les gens âgés ne connaissent que la sagesse des temps passés et alors, ils n'en profitent pas. Aussi, rappelle-toi toujours ceci: le soleil qui brille aujourd'hui est le même soleil qui brillait quand ton père est né et le même qui brillera quand le dernier de tes petits-fils mourra.

«Les pensées des jeunes, continua-t-il, sont des lumières brillantes qui scintillent comme des météores passant dans le ciel, alors que la sagesse de l'homme âgé est comme les étoiles fixes qui resplendissent toujours de la même façon, si bien que le marin peut se fier à elles.

«Retiens bien ces paroles si tu veux comprendre la vérité de ce que je vais te dire et ne pas penser que tu as travaillé en vain pendant toute la nuit.

«Alors, il me fixa finement d'en dessous de ses sourcils touffus et dit à voix basse, mais avec fermeté: 'J'ai trouvé la voie de la richesse quand j'ai décidé qu'une partie de tout ce que je gagnais devait m'appartenir. Il en sera ainsi pour toi.'

«Il continua de me fixer et son regard me transperçait, mais il n'ajouta rien.

«Est-ce tout?' ai-je demandé.

«Ce fut suffisant pour qu'un berger devienne un prêteur d'argent', répondit-il.

«Mais tout ce que je gagne, je peux le conserver, n'est-ce pas?' lui ai-je demandé.

«Loin de là, répondit-il. Ne paies-tu pas le couturier? Ne paies-tu pas le sandalier? Ne paies-tu pas pour ta nourriture ? Peux-tu vivre dans la ville de Babylone sans dépenser? Que te reste-t-il de ton salaire du mois dernier? Et de tout ce que tu as gagné l'année passée? Idiot! Tu paies tout le monde sauf toi. Nigaud, tu travailles pour les autres. Aussi bien être un esclave et travailler pour ton maître, qui te donne ce qu'il te faut pour manger et t'habiller.

«En conservant un dixième de ce que tu gagnes, combien aurais-tu dans dix ans?

«Avec mes connaissances en calcul, je dirais : Autant que je gagne durant une année.

«Il rétorqua: Tu dis à moitié vrai. Chaque pièce d'or que tu épargnes est un esclave qui travaille pour toi. Chaque petite pièce de monnaie qui te rapporte en amène d'autres qui travaillent aussi pour toi. Si tu devenais riche, tes épargnes produiraient des richesses qui à leur tour te rapporteront! Tout cela ensemble t'aiderait à acquérir l'abondance dont tu es avide.

«Tu penses que je rétribue bien mal ta longue nuit de travail, continua-t-il, mais en fait je te la paie bien au-delà de sa valeur; Il suffit que tu aies l'intelligence de saisir la vérité que je te présente.

«Une partie de tout ce que tu gagnes est à toi et tu peux la garder. Elle ne doit pas être inférieure à un dixième, quel que soit le montant que tu gagnes. Elle peut valoir bien plus quand tu pourras te le permettre. Paie- toi en premier.

N'achète pas plus du couturier et du sandalier que ce que tu peux payer avec ce qu'il te reste, de manière à en avoir assez pour la nourriture, la charité et la redevance aux dieux.

«La richesse, comme l'arbre, pousse à partir d'une graine. Cette graine, c'est la première pièce de cuivre que tu épargnes. Plus vite tu la sèmeras et plus vite l'arbre poussera. Le plus fidèlement tu nourriras et arroseras cet arbre avec des épargnes raisonnables, le plus vite tu te rafraîchiras, satisfait de son ombre.

«Il s'arrêta là, prit ses tablettes et partit.

«J'ai beaucoup réfléchi à ses paroles et elles me semblaient raisonnables. Alors, j'ai décidé de l'appliquer. Chaque fois que j'étais payé, je prenais une pièce de cuivre sur dix et je la cachais. Étrangement, il ne me manquait pas plus d'argent qu'avant. Je ne m'en suis pratiquement pas aperçu; le temps de m'y habituer. Mais j'étais souvent tenté, puisque mes économies grossissaient, de les dépenser pour quelques bonnes choses que les marchands étalaient, choses apportées par les chameaux et les bateaux du pays des Phéniciens. Mais je me retenais sagement.

«Le douzième mois après le départ d'Algamish, celui-ci revint et s'enquit : 'Fils, t'es-tu rémunéré au moins un dixième de tout ce que tu as gagné cette année?

«Je répondis fièrement: Oui, maître.

«Excellent, répondit-il ravi; et qu'est-ce que tu en as fait?

«Je l'ai remis à Azmur, le fabricant de briques. Il m'a dit qu'il partait vers les mers lointaines et qu'il m'achèterait des bijoux rares des Phéniciens, à Tyre. À son retour, nous les vendrons à prix élevé et partagerons les profits.

«Tout fou doit apprendre, grommela-t-il; comment peut-on

se fier au savoir d'un fabricant de briques en ce qui concerne les bijoux? Interrogeras-tu le boulanger au sujet des étoiles? Non, parbleu, tu irais voir un astronome, si tu as quelque intelligence. Tes économies sont parties, mon jeune ami; tu as scié ton arbre de la richesse à ses racines. Mais sèmes-en un autre. Essaie encore une fois. Et la prochaine fois, si tu veux avoir un conseil au sujet de bijoux, va voir un bijoutier. Si tu veux questionner sur les moutons, va voir le berger. Le conseil est fourni gratuitement, mais prends seulement ce qui est valable. Celui qui demande conseil concernant ses épargnes à quelqu'un sans expérience en la matière devra payer de ses économies pour prouver la fausseté des conseils." Sur ces mots, il repartit.

«Et ce fut comme il avait dit. Car les Phéniciens étaient des canailles, et ils avaient vendu à Azmur de la pacotille qui ressemblait fort à des pierres précieuses. Mais comme Algamish m'avait dit, j'ai recommencé à épargner chaque dixième pièce de cuivre gagnée, car j'en avais maintenant pris l'habitude et ce n'était plus difficile.

«Douze mois plus tard, Algamish réapparut dans la salle des scribes et s'adressa à moi. 'Quel progrès as-tu réalisé depuis que je t'ai vu?

«Je me suis rétribué fidèlement, ai-je répliqué, et mes épargnes, je les ai confiées à Agger, le fabricant de boucliers pour qu'il achète du bronze et me verse mon intérêt tous les quatre mois.

«Excellent. Et que fais-tu avec l'intérêt?

«Je me convie à un grand festin avec du miel, du bon vin et du gâteau aux épices. Je me suis aussi acheté une tunique écarlate. Et un jour, je m'achèterai un jeune âne pour me promener.

«Algamish ne put se retenir de rire. "Tu manges les petits de tes économies. Alors, comment peux-tu espérer qu'ils travaillent pour toi? Comment peuvent-ils produire d'autres petits qui, à leur tour, travailleront aussi pour toi? D'abord, procure-toi une armée d'esclaves en or, et alors tu pourras jouir de plusieurs banquets sans regret.

«Puis, il s'éloigna une fois de plus, pour ne revenir que deux ans plus tard. Sa figure était couverte de rides et ses paupières s'affaissaient, car il devenait un vieil homme. Et il me dit: 'Arkad, es-tu déjà riche comme tu en rêvais?

«Et je répondis: 'Non, je ne possède qu'une partie de tout ce que je désire, et je réalise des profits qui, à leur tour, se multiplient.

«Et recherches-tu encore l'avis des fabricants de briques?

«Ils sont de bon conseil pour la façon de fabriquer les briques, ai-je rétorqué.

«Arkad, poursuivit-il, tu as bien appris ta leçon. Tu as d'abord appris à te suffire avec moins que ce que tu pouvais gagner. Ensuite, tu as appris à obtenir l'avis de ceux qui sont compétents par l'expérience qu'ils ont acquise et qui sont prêts à la partager. Et finalement, tu as appris à faire travailler l'or pour toi.

«Tu as appris par toi-même comment acquérir de l'argent, le garder et l'utiliser. Donc, tu es compétent et tu es prêt à assumer un poste responsable. Je deviens vieux. Mes fils pensent seulement à dépenser et nullement à gagner. Mes intérêts sont grands. Et j'ai peur de n'être plus capable d'en prendre soin. Si tu veux aller à Nippur t'occuper de mes terres, là-bas, je ferai de toi mon partenaire et tu partageras mes biens.

«Alors, je suis allé à Nippur et je me suis occupé de ses biens qui étaient importants. Et parce que j'étais plein d'ambitions et que j'avais maîtrisé avec succès les trois règles de gestion de la richesse, j'ai été capable d'augmenter grandement la valeur de ses biens. Alors, comme j'avais beaucoup prospéré, quand l'esprit d'Algamish est parti pour la sphère des ténèbres, j'ai eu droit à une part de ses biens comme il l'avait convenu, conformément à la loi.»

Ainsi parla Arkad, et quand il eut terminé son histoire, un de ses amis dit: «Tu as vraiment eu de la chance qu'Algamish te désigne pour être son héritier.»

«J'ai eu de la chance seulement parce que j'avais le désir de prospérer avant de le rencontrer. N'ai-je pas prouvé durant quatre ans ma forte volonté en gardant le dixième de tout ce que je gagnais?

Qualifierais-tu de "chanceux" un pêcheur qui a passé de longues années à observer le comportement des poissons et qui parvient à les capturer grâce à un changement de vent, en lançant ses filets autour d'eux juste au moment propice ? L'occasion est une arrogante déesse qui ne perd pas de temps avec ceux qui ne sont pas prêts.»

«Tu as montré beaucoup de volonté pour continuer après avoir perdu les économies de ta première année. Tu es extraordinaire en ce sens!» s'écria un autre.

«Volonté! rétorqua Arkad. Quelle absurdité! Pensez-- vous que la volonté seule peut suffire à lever un fardeau qu'un chameau ne peut pas transporter, ou à tirer une charge qu'un bœuf ne peut pas déplacer? La volonté n'est rien d'autre que la détermination inflexible à terminer le travail que l'on s'est soi-même imposé.

«Lorsque je m'impose un travail, si petit soit-il, je le termine. Autrement, comment pourrais-je avoir confiance en moi pour accomplir des choses importantes? Si je me dis: 'Pendant cent jours, lorsque je marcherai sur le pont qui mène à la ville, je ramasserai une pierre et la lancerai dans le ruisseau', je le fais. Si, au septième jour, je passe sans rien jeter, je ne me dirai pas: 'Demain, je lancerai deux pierres pour me racheter.' À la place, je reviendrai sur mes pas et je lancerai la pierre. Le vingtième jour, je ne me dirai pas non plus: 'Arkad, ceci est inutile. À quoi cela te sert-il de lancer une pierre tous les jours? Lance toutes les pierres en une seule fois et tu en auras fini de tout cela.' Non, je ne dirai pas cela et je ne le ferai pas non plus. Quand je m'impose un travail, je le fais. Donc, je prends soin de ne pas commencer des travaux difficiles ou impossibles parce que j'aime avoir du temps libre.»

Alors, un autre ami éleva la voix et dit: «Si tu dis vrai et si cela semble, comme tu l'as dit, raisonnable, tous les hommes en sont capables et, s'ils le faisaient, il n'y aurait pas assez de richesses pour tout le monde.»

«La richesse s'accroît chaque fois que les hommes dépensent leur énergie, répondit Arkad. Si un homme riche s'érige un nouveau palais, l'or dépensé est-il perdu? Non, une partie est allée au fabricant de briques, une autre partie est allée au travailleur et une partie à l'artiste. Et tous ceux qui travaillent à la construction de la maison ont leur part. Cependant, quand le palais est terminé, n'a-t-il pas la valeur de ce qu'il coûte? Et le sol sur lequel il se tient n'acquiert-il pas plus de valeur parce qu'il est là? Les terrains avoisinants ne prennent-ils pas plus de valeur eux aussi? La richesse s'accroît de façon magique. Aucun homme ne peut prédire sa limite. Les Phéniciens n'ont-ils pas construit de grandes cités sur des côtes arides grâce aux richesses rapportées sur leurs bateaux marchands?»

«Alors, que nous suggères-tu de faire pour que nous aussi nous devenions riches? demanda un autre de ses amis. Les années ont passé, nous ne sommes plus jeunes et nous n'avons rien à mettre de côté.»

«Je vous conseille d'appliquer les principes de sagesse d'Algamish; et dites-vous: une partie de tout ce que je gagne me revient, et je dois la garder. Répétez-le dès votre lever, le matin. Répétez-le à midi. Répétez-le le soir.

Répétez-le à chaque heure de la journée. Répétez-le jusqu'à ce que les mots se détachent comme des lettres de feu dans le ciel.

«Imprégnez-vous de cette idée. Remplissez-vous de cette pensée. Puis, prenez seulement la portion qui semble sage. Réservez-vous pas moins d'un dixième de votre revenu, et mettez-le de côté. Adaptez vos dépenses en conséquence. Mettez d'abord cette part de côté. Bientôt, vous connaîtrez l'agréable sensation de posséder un trésor auquel vous seuls avez droit. À mesure qu'il s'accroîtra, il vous stimulera. Une nouvelle joie de vivre vous animera. Davantage d'efforts vous rapporteront davantage. Les bénéfices s'accroissant, le pourcentage demeurant le même, vos profits augmenteront, n'est-ce pas?

«Quand vous en serez là, apprenez à faire travailler votre trésor pour vous. Faites de lui votre esclave. Oeuvrez pour que ses enfants et les enfants de ses enfants travaillent pour vous.

«Assurez-vous un revenu pour l'avenir. Regardez les personnes âgées et n'oubliez pas que dans les jours à venir, vous serez du nombre. Alors, investissez votre trésor avec la plus grande prudence, pour le conserver.

«Les taux usuraires sont des sirènes aux chants irrésistibles qui attirent l'imprudent sur les rochers de la perte et du remords.

«Voyez aussi à ce que votre famille ne soit pas dans le besoin au cas où les dieux vous rappelleraient dans leur royaume. Pour réaliser une telle protection, il est toujours possible de verser de petits montants à intervalles réguliers.

L'homme prévoyant n'attend pas de recevoir une somme importante avant d'y voir.

«Consultez les hommes sages. Recherchez l'avis des hommes qui, chaque jour, manipulent l'argent. Laissez-les vous éviter une erreur telle que moi-même j'ai faite en confiant mon argent au jugement d'Azmur, le fabricant de briques. Un petit intérêt sûr est bien plus préférable à un grand risque.

«Profitez de la vie pendant que vous êtes ici-bas. Ne vous restreignez pas trop et n'essayez pas de trop économiser. Si un dixième de tout ce que vous gagnez constitue la somme raisonnable que vous pouvez garder, soyez satisfaits de cette portion. À part cela, vivez selon votre revenu et ne vous permettez pas de devenir avare et d'avoir peur de dépenser. La vie est bonne et remplie de choses valables dont vous pouvez jouir.»

Sur ces paroles, ses amis le remercièrent et prirent congé. Certains étaient silencieux parce qu'ils n'avaient pas d'imagination et ne pouvaient pas comprendre. Certains étaient rancuniers parce qu'ils pensaient que quelqu'un de si riche aurait dû partager avec ses vieux amis moins fortunés. Mais pour certains une lueur nouvelle brillait dans les yeux. Ils comprenaient qu'Algamish était revenu dans la salle des scribes pour regarder attentivement un homme qui traçait son chemin vers la lumière. Une fois que cet homme aurait trouvé la lumière, une place l'attendrait. Personne ne pouvait occuper cette place avant d'être parvenu à bien comprendre par soi-même et d'être prêt à saisir l'occasion qui se présentait.

Ces derniers ont été ceux qui, dans les années suivantes, ont fréquemment visité Arkad, qui les a reçus avec joie. Il les a conseillés et leur a octroyé gratuitement sa sagesse comme les hommes de grande expérience sont toujours ravis de le faire.

Et il les a aidés à investir leurs économies de façon à ce qu'elles rapportent un intérêt sûr et ne soient pas gaspillées dans de mauvais investissements ne rapportant aucun dividende.

Le jour où ils prirent conscience de la vérité qui leur avait été transmise d'Algamish à Arkad et d'Arkad à eux, fut un tournant décisif dans leur vie.

### UNE PARTIE DE TOUT CE QUE VOUS GAGNEZ VOUS APPARTIENT; CONSERVEZ-LA.

# LES SEPT MOYENS DE REMPLIR UNE BOURSE VIDE

La gloire de Babylone persiste. À travers les siècles, elle a conservé la réputation d'avoir été la ville la plus riche et d'avoir possédé les trésors les plus fabuleux.

Cependant, il n'en a pas toujours été ainsi. Les richesses de Babylone ont été le résultat de la sagesse de ses habitants. Ils ont d'abord dû apprendre comment devenir riches.

Quand le bon roi Sargon revint à Babylone après sa victoire sur les Élamites, ses ennemis, il se trouva devant une situation grave. Le chancelier royal lui en expliqua la raison de cette façon:

«Après plusieurs années de grande prospérité apportée à notre peuple grâce à Sa Majesté qui a construit les grands canaux d'irrigation et les grands temples des dieux, maintenant que ces travaux sont terminés, le peuple semble incapable de pourvoir à ses besoins.

«Les travailleurs sont sans emploi. Les marchands n'ont que de rares clients. Les fermiers ne réussissent pas à vendre leurs produits. Le peuple manque d'or pour acheter de la nourriture.»

«Mais où est allé tout l'argent que nous avons dépensé pour ces grandes améliorations?» s'enquit le roi.

«Il a abouti, je le redoute, répondit le chancelier, entre les mains de quelques hommes très riches de notre ville. Il a passé entre les doigts de la majorité de nos gens aussi vite que le lait de chèvre passe au travers de la passoire. Maintenant que le torrent d'or a cessé de couler, la plupart de nos gens restent démunis.»

Le roi resta pensif pendant quelques instants. Puis, il demanda: «Comment un si petit nombre d'hommes furent capables d'acquérir tout l'or?»

«Parce qu'ils savaient comment pratiquer, répondit le chancelier. On ne peut pas condamner un homme parce qu'il connaît la réussite. On ne peut pas non plus, en toute justice, reprendre ce qu'il a gagné honnêtement pour le remettre à ceux qui sont incapables d'en faire autant.»

«Mais pourquoi, demanda le roi, tous les gens ne pourraient-ils pas apprendre à amasser de l'or, tous alors seraient riches et prospères?»

«C'est possible, Votre Excellence. Mais qui est en mesure de le leur enseigner? Certainement pas les prêtres, parce qu'ils ne connaissent rien sur la manière de faire de l'argent.»

«Dis-moi, Chancelier, demanda le roi, dans la ville, qui connaît le mieux comment devenir riche?»

«Votre question contient sa propre réponse, Votre Majesté. Qui possède la plus grande fortune dans la ville de Babylone?»

«Bien répondu, mon bon Chancelier. C'est Arkad. Il est l'homme le plus riche de Babylone. Amène-le-moi demain.»

Le lendemain, conformément à l'ordre du roi, Arkad parut devant lui, droit et vif en dépit de son âge avancé.

«Arkad, dit à haute voix le roi, est-il vrai que tu es l'homme le plus fortuné de Babylone?»

«Les gens le disent, Votre Majesté, et personne ne le conteste.»

«Comment as-tu obtenu cette richesse?»

«En profitant des occasions accessibles à tous les citoyens de notre bonne ville.»

«Disposais-tu quelque chose au départ?»

«Uniquement un grand désir de richesse. À part cela, rien.»

«Arkad, continua le roi, notre ville est en situation très difficile parce que peu d'hommes connaissent la façon d'obtenir la richesse et, par conséquent, ils la monopolisent pendant que la masse des citoyens ne connaît pas le moyen de conserver une partie de l'or qu'elle reçoit.

«Mon désir est que Babylone devienne la ville la plus riche au monde. Alors ce doit être une ville où il y a beaucoup d'hommes riches. Donc, nous devons apprendre à toute la population comment acquérir ces richesses. Dis-moi, Arkad, y a-t-il un secret pour acquérir la richesse? Peut- il être enseigné?»

«C'est une question pratique, Votre Majesté. Tout ce qu'un homme sait, il peut le transmettre aux autres.»

Les yeux du roi étincelèrent. «Arkad, tu as prononcé les mots que je voulais entendre. Te prêterais-tu à cette grande cause? Enseignerais-tu ta connaissance à un groupe d'enseignants? Chacun pourrait l'enseigner à d'autres jusqu'à ce que nous disposions d'un nombre suffisant de maîtres capables de l'enseigner à tous les sujets valeureux de mon royaume.»

Arkad salua et dit: «Je suis votre humble serviteur. Quelle que soit la connaissance que je possède, je la partagerai avec plaisir pour le bien de mes concitoyens et pour la gloire de mon roi. Laissez votre bon Chancelier réunir une classe de cent hommes et je leur enseignerai les sept moyens qui ont favorisé ma fortune alors qu'il n'y avait pas de bourse plus mal garnie que la mienne dans tout Babylone.»

Deux semaines plus tard, dans la grande salle du Temple de

la Connaissance du roi, les cent personnes élues étaient assises sur des tapis de couleur, en demi-cercle. Arkad s'assit à côté d'un petit tabouret sur lequel fumait une lampe sacrée dégageant une odeur étrange et agréable.

«Regarde l'homme le plus riche de Babylone, chuchota un étudiant à l'oreille de son voisin au moment où Arkad se levait. «Rien ne le distingue de nous tous.»

«En tant que fidèle sujet de notre grand Roi, commença Arkad, je me présente devant vous à son service. Il me demande de vous révéler mon savoir, parce qu'un jour je fus un pauvre jeune homme qui avait un grand désir de posséder de l'or et que j'ai trouvé la façon de l'acquérir.

«J'ai commencé ma fortune très humblement. Je n'avais pas plus que vous pour jouir pleinement de la vie et pas plus que la majorité des citoyens de Babylone.

«Le premier dépôt de mes trésors était un sac bien usé. Je détestais son vide inutile. Je désirais qu'il soit rond et plein, et que l'or y sonne. Alors, je me suis efforcé de trouver tous les moyens de remplir ma bourse. J'en ai trouvé sept.

«À vous qui êtes rassemblés devant moi, j'expliquerai les sept moyens de remplir une bourse vide, lesquels je recommande à tous les hommes qui désirent gagner beaucoup d'or. Je vous expliquerai un des sept moyens chaque jour, ceci pendant sept jours.

«Écoutez attentivement la science que je vais vous communiquer: débattez la question avec moi. Discutez- en entre vous. Apprenez complètement ces leçons, qu'elles deviennent la graine de la richesse qui fera épanouir votre propre fortune. Chacun doit d'abord sagement commencer à construire sa propre fortune. Lorsque vous serez compétents, et pas avant, vous enseignerez ces vérités aux autres.

«Je vous enseignerai des façons simples de remplir votre

bourse. Ceci est le premier pas qui conduit au temple de la richesse et aucun homme ne peut y parvenir s'il ne pose pas fermement ses deux pieds sur la première marche.

«Nous allons maintenant aborder le premier moyen.»

### LE PREMIER MOYEN
Commencez à remplir votre bourse.

Arkad s'adressa à un homme attentif assis au deuxième rang. «Mon bon ami, quel travail faites-vous?»

«Je suis scribe, répondit l'homme, et je grave des documents sur des tablettes d'argile.»

«C'est en pratiquant ce même travail que j'ai moi-même gagné mes premières pièces de monnaie. Donc, vous avez la même chance d'acquérir une fortune.»

Il s'adressa ensuite à un homme au visage coloré, plus loin derrière. «S'il vous plaît, dites aussi ce que vous faites pour gagner votre subsistance.»

«Je suis boucher, répondit l'homme. J'achète les chèvres que les fermiers élèvent et je les abats. Je vends la viande aux ménagères et les peaux aux fabricants de sandales.»

«Parce que vous avez un travail et un salaire, vous avez tous les atouts que j'avais pour réussir.

Arkad demanda à tous, procédant toujours de la même façon, comment ils gagnaient leur vie. Quand il eut fini, il dit: «Vous voyez, chers étudiants, qu'il y a plusieurs métiers et travaux permettant aux hommes de gagner de l'argent. Chacune des façons d'en gagner est un filon d'or dont le travailleur doit amener, grâce à ses efforts, une partie dans sa propre bourse.

Par conséquent, votre propre fortune est un ruisseau de pièces d'argent, petites ou grosses, selon votre habileté. N'est-ce pas vrai?»

Là-dessus, tous s'accordèrent.

«Alors, continua Arkad, si chacun de vous désire acquérir une fortune pour lui-même, n'est-il pas sage de commencer par utiliser cette source de richesse déjà existante ?»

Ils acquiescèrent aussi tous sur ce sujet.

Alors, Arkad se tourna vers un homme humble qui s'était déclaré marchand d'œufs. «Si vous choisissez un de vos paniers et y mettez dix œufs chaque matin et en retirez neuf tous les soirs, qu'arrivera-t-il après un certain temps ?»

«Il arrivera qu'un jour il débordera.»

«Pourquoi?»

«Parce que tous les jours, je mets un œuf de plus que j'en reprends.»

Arkad s'adressa à toute la classe en souriant. «Y a-t-il ici, un homme dont la bourse est mal garnie?»

D'abord, ils se regardèrent amusés. Puis ils rirent. Finalement, ils agitèrent leurs bourses en plaisantant.

«Très bien, continua-t-il. Maintenant, je vais vous révéler le premier moyen pour remplir sa bourse. Faites exactement ce que j'ai suggéré au marchand d'œufs.

Pour toutes les dix pièces de monnaie que vous mettez dans votre bourse, n'en dépensez que neuf. Votre bourse commencera à se remplir tout de suite, le poids des pièces s'alourdira et vous procurera une agréable sensation lorsque vous les soupèserez dans vos mains. Ceci vous apportera une satisfaction personnelle.

«Ne vous moquez pas de mes propos parce que trop simple. La vérité est toujours simple. Je vous ai dit que je vous expliquerais comment j'avais acquis ma fortune.

«Ceci fut mon début. Moi aussi, j'ai porté une bourse mal remplie et l'ai maudite parce qu'elle ne contenait pas suffisamment pour satisfaire mes désirs. Mais quand j'ai commencé à tirer de ma bourse seulement neuf des dix parties que j'y avais mises, elle a commencé à grossir. Il en sera ainsi pour la vôtre.

«Maintenant, je vais vous révéler une étrange vérité dont je ne connais pas le principe. Quand j'ai cessé de débourser plus que les neuf dixièmes de mes gains, je me suis débrouillé aussi bien. Je n'avais pas moins d'argent qu'auparavant. Aussi, avec le temps, les pièces me venaient plus facilement. C'est sûrement une loi des dieux qui veut que pour celui qui garde et ne dépense pas une certaine partie de tout ce qu'il gagne, l'or lui arrive plus facilement. De même, l'or évite celui dont la bourse est vide.

«Que désirez-vous le plus? Est-ce la satisfaction de vos désirs quotidiens, un bijou, quelques parures, de meilleurs vêtements, davantage de nourriture: les choses facilement disparues et oubliées? Ou est-ce des biens substantiels tel de l'or, des terres, des troupeaux, des marchandises, des revenus d'investissements?

Les pièces que vous retirez de votre bourse apportent les premières choses. Les pièces laissées dans la bourse apportent les dernières choses.

«Voici, chers étudiants, le premier moyen que j'ai découvert pour remplir une bourse vide: pour chaque dix pièces que vous gagnez, n'en dépensez que neuf. Parlez de ceci entre vous. Si quelqu'un peut prouver que cela n'est pas vrai, qu'il le dise demain lorsque nous nous reverrons.»

*LE DEUXIÈME MOYEN*
Contrôlez vos dépenses.

«Certains parmi vous, chers étudiants, m'ont demandé ceci: 'Comment un homme peut-il conserver dans sa bourse le dixième de tout ce qu'il gagne lorsque tout ce qu'il gagne ne suffit pas à couvrir ses dépenses obligatoires?'» C'est sur ce sujet qu'Arkad s'entretint avec ses étudiants le deuxième jour.

«Hier, combien d'entre-vous avaient une fortune mal en point?»

«Nous tous», répondit la classe.

«Cependant, vous ne gagnez pas tous la même chose. Certains gagnent beaucoup plus que d'autres. Certains ont une plus grande famille à nourrir. Cependant, toutes les bourses étaient également mal remplies. Maintenant, je vais vous révéler une vérité concernant les hommes et les fils des hommes. Voici: les dépenses dites obligatoires augmentent toujours en proportion de nos revenus, à moins que nous ne soyons pas d'accord.

«Ne confondez pas vos dépenses obligatoires avec vos désirs. Chacun de vous, et votre famille, avez plus de désirs que vos revenus ne peuvent satisfaire. Donc, vos revenus sont dépensés pour satisfaire ces désirs jusqu'à une certaine limite. Encore vous reste-t-il beaucoup de désirs insatisfaits.

«Tous les hommes se débattent avec plus de désirs qu'ils ne peuvent en satisfaire. Croyez-vous que ma richesse me donne à satisfaire tous mes désirs? C'est une idée erronée. Il y a une limite à mon temps. Il y a des limites à ma force. Il y a des limites aux distances que je peux parcourir. Il y a des limites à ce que je peux manger. Il y a des limites aux plaisirs dont je peux jouir.

«Je vous dis cela uniquement pour que vous compreniez qu'à l'image des mauvaises herbes poussant dans un champ partout où le fermier laisse de la place pour leurs racines, les désirs germent librement dans l'esprit des hommes chaque fois qu'il y a une possibilité de satisfaire ces désirs. Vos désirs sont nombreux, et ceux qui peuvent être satisfaits sont rares.

«Étudiez soigneusement vos habitudes de vie. Ainsi, vous découvrirez que la plupart des dépenses considérées comme obligatoires pourraient être réduites ou éliminées. Que votre devise soit d'apprécier à cent pour cent la valeur de chaque pièce dépensée.

«Donc, gravez sur l'argile chaque chose qui suscite une dépense. Choisissez les dépenses qui sont obligatoires et celles qui sont possibles à l'intérieur des neuf dixièmes de votre revenu.

Oubliez le reste et considérez- le comme une partie des nombreux désirs qui doivent demeurer insatisfaits et ne les regrettez pas.

«Dressez un budget des dépenses obligatoires. Ne touchez pas au dixième qui remplit votre bourse, laissez- le être votre grand désir qui se comble, peu à peu. Continuez de travailler conformément à votre budget, continuez de l'ajuster selon vos besoins. Faites-en votre premier outil dans la dépense de votre fortune grossissante.»

Là-dessus, un des étudiants vêtu d'une robe rouge et or se leva et dit: «Je suis un homme libre. Je crois que c'est mon droit de profiter des douces choses de la vie. Donc, je me rebelle contre l'esclavage d'un budget qui fixe la quantité exacte d'argent que je peux dépenser et ce pour quoi je dois le dépenser. Je pense que cela m'enlèverait beaucoup des plaisirs de la vie et me rendrait plus petit qu'un âne qui transporte un fardeau.»

Arkad lui répliqua: «Qui, mon ami, établirait ton budget?»

«Je l'établirais moi-même», répondit celui qui protestait.

«Dans ce cas un âne qui fixerait sa charge y inclurait-il des bijoux, des tapis et de lourds lingots d'or? Peu probable. Il y mettrait du foin et du grain et un sac d'eau pour le sentier du désert.

«La raison du budget est d'aider votre fortune à grossir. Il vous aide à obtenir les biens qui vous sont nécessaires et, dans une certaine mesure, à satisfaire vos autres désirs. C'est pour vous rendre capable de combler vos plus grands désirs en les défendant contre vos désirs futiles.

Comme la brillante lumière dans une cave noire, votre budget vous montre les trous de votre bourse et vous rend capable de les boucher et de contrôler vos dépenses en fonction de buts définis et satisfaisants.

«Voici donc le second moyen de remplir votre bourse. Budgetez vos dépenses de manière à disposer des pièces d'argent pour payer vos dépenses inévitables et vos loisirs, et pour satisfaire vos désirs valables, sans dépenser plus que les neuf dixièmes de vos gains.»

### *LE TROISIÈME MOYEN*
Faites fructifier votre or.

«Voilà que votre fortune grandit. Vous vous êtes disciplinés à garder le dixième de tout ce que vous gagnez. Vous avez contrôlé vos dépenses pour protéger votre trésor grossissant. Maintenant, nous allons examiner les moyens de mettre votre trésor au travail, de manière à ce qu'il génère d'autres trésors. L'or conservé dans une bourse contente celui qui le possède et satisfait l'âme de l'avare, mais il ne rapporte rien. La partie de l'or que nous pouvons conserver de nos gains n'est qu'un début, et ce qu'il rapporte à son tour nous permet de construire nos fortunes.» Ainsi parla Arkad à sa classe, le troisième jour.

«Comment donc pouvons-nous mettre notre or au travail? Mon premier investissement fut malchanceux et je le perdis entièrement. Je raconterai cela plus tard. Mon premier investissement profitable fut un prêt que j'accordai à un homme nommé Aggar, un fabricant de boucliers. Une fois par an, il achetait de lourdes cargaisons de bronze importées des mers lointaines qu'il utilisait pour fabriquer des armes.

Manquant de capitaux pour payer les marchands, il empruntait de ceux qui avaient des surplus d'argent. C'était un homme honorable. Il remboursait ses emprunts et y joignait un bon intérêt quand il vendait ses boucliers.

«Chaque fois que je lui prêtais de l'argent, j'y ajoutais l'intérêt qu'il m'avait payé. Alors, non seulement mon capital augmentait, mais également les intérêts. C'était très satisfaisant de voir revenir ces sommes dans ma bourse.

«Je vous le dis, chers étudiants, la richesse d'un homme ne se trouve pas dans les pièces qu'il transporte dans sa bourse, mais dans le revenu qu'il a bâti, le ruisseau d'or qui arrose continuellement sa fortune et la garde toujours bien en point. C'est ce que tout homme désire. C'est ce que chacun de vous désire: un revenu qui ne cesse de rapporter, que vous soyez au travail ou en voyage.

«J'ai acquis un gros revenu, si gros qu'on me dit très riche. Mes prêts à Aggar constituèrent ma première expérience profitable dans l'art d'investir de façon rentable. Rempli de la sagesse de cette expérience, j'accrus mes prêts et investissements à mesure que mon capital augmentait. De quelques sources au début, de plusieurs sources plus tard, coula dans ma bourse le ruisseau d'or de la richesse que je pouvais utiliser sagement comme je l'avais décidé.

«Voilà que mes humbles gains avaient engendré de nombreux esclaves dorés, tous travaillant et gagnant encore plus d'or. Ils travaillaient pour moi, ainsi que leurs enfants et les enfants de leurs enfants, jusqu'à ce que mon revenu devienne considérable, grâce aux efforts de tous.

«L'or s'amasse rapidement avec un revenu raisonnable, comme vous allez le voir dans ce qui suit: un fermier, à la naissance de son premier fils, confia dix pièces d'argent à un prêteur et lui demanda de les faire fructifier jusqu'à ce que son fils ait vingt ans. Le prêteur d'argent fit selon le désir de son client et consentit un intérêt égal au quart de la somme tous les quatre ans. Le fermier demanda que l'intérêt soit ajouté au capital, parce que cette somme avait été mise de côté entièrement pour son fils.

«Quand le garçon eut vingt ans, le fermier se rendit chez le prêteur pour s'enquérir de l'argent. Le prêteur lui expliqua que cette somme s'étant accrue par l'intérêt composé, les dix pièces d'argent initiales valaient maintenant trente et une pièces et demie.

«Le fermier était bien content et parce que son fils n'en avait pas besoin, il les laissa au prêteur. Quand le fils atteint cinquante ans, le père étant parti pour l'autre monde, le prêteur rendit au fils cent soixante-sept pièces d'argent.

«Ainsi, en cinquante ans, l'investissement avait rapporté presque dix-sept fois la somme initiale.

«Voici donc le troisième moyen de remplir sa bourse: Faire fructifier chaque pièce pour qu'elle puisse se reproduire à l'image des troupeaux dans le champ et aide à transformer votre revenu en ruisseau de la richesse qui continuera constamment à alimenter votre fortune.»

### *LE QUATRIÈME MOYEN*
Protégez vos trésors contre la perte.

«La malchance est une cible brillante. L'or contenu dans une bourse doit être surveillé avec fermeté, sinon il disparaît. Ainsi, il est sage de d'abord mettre en sécurité les petites sommes et d'apprendre à les protéger avant que les dieux nous en confient de plus grandes.» Ainsi parla Arkad, le quatrième jour, à sa classe d'étudiants.

«Chaque propriétaire d'or est tenté par les occasions qui se présentent de réaliser de gros profits en investissant dans n'importe quel projet attirant. Souvent, des amis ou des parents impatients font de tels investissements et cette attitude influe sur nous.

«Le premier principe de l'investissement consiste à assurer la sécurité de votre capital. Est-ce sage d'être visé de plus gros gains aux dépens du capital qui risque d'être perdu? Je dirais que non.

«La punition pour le risque est la perte probable. Étudiez soigneusement la situation avant de vous séparer de votre trésor; assurez-vous de pouvoir le récupérer en toute sécurité. Ne soyez pas induits en erreur par vos propres désirs romantiques de prospérer rapidement.

«Avant de prêter votre or à n'importe qui, assurez- vous que votre débiteur est en mesure de vous rembourser, qu'il a bonne réputation à cet effet, afin de ne pas lui faire, sans le savoir, un présent: celui de votre trésor difficilement gagné.

«Avant que vous n'investissiez votre fortune dans n'importe quel domaine, prenez connaissance des dangers susceptibles de se présenter.

«Mon premier investissement fut une catastrophe pour moi, à ce moment-là. J'avais confié mes économies de toute une année à un fabricant de briques nommé Azmur, voyageant sur les mers lointaines et à Tyr, et qui accepta de m'acheter des bijoux rares des Phéniciens. Nous devions vendre ces bijoux à son retour et en partager les profits. Les Phéniciens étaient des canailles et ils lui vendirent des morceaux de verre coloré. Mon trésor fut perdu. Aujourd'hui, mon expérience me ferait réaliser tout de suite la folie de confier l'achat de bijoux à un fabricant de briques.

«Alors, je vous conseille, en toute sagesse et à partir de mes expériences: n'ayez pas trop confiance en votre propre sagesse en exposant vos trésors aux pièges possibles des investissements. Il est préférable d'en appeler à la sagesse de ceux qui ont de l'expérience dans la façon de manipuler l'argent pour le faire profiter. De tels conseils sont accordés gratuitement à celui qui les demande et peuvent avoir très vite une valeur égale en or à la somme qu'il avait envisagé d'investir. En vérité, telle est sa réelle valeur si elle vous sauve des pertes.

«Voici donc le quatrième moyen de remplir votre bourse et il est de grande importance s'il empêche votre bourse de se vider une fois bien remplie. Protégez votre trésor contre la perte en investissant uniquement là où votre capital est en sécurité, où il peut être récupéré au moment désiré et où vous ne manquerez pas de recevoir un intérêt convenable. Consultez les hommes sages. Demandez l'avis de ceux qui ont de l'expérience dans la gestion rentable de l'or.

Laissez leur sagesse prémunir votre trésor des investissements douteux.»

### *LE CINQUIÈME MOYEN*
Transformer votre propriété un investissement rentable.

«Si un homme se réserve neuf parties de ses gains qui lui permettent de vivre et de jouir de la vie, et si une de ces neuf parties peut être convertie en un investissement rentable sans nuire à son bien-être, alors ses trésors augmenteront plus vite.» Ainsi parla Arkad à sa classe d'étudiants pour leur cinquième leçon.

«Un trop grand nombre des hommes de Babylone élèvent leurs familles dans des quartiers malfamés. Ils paient aux propriétaires exigeants des loyers très élevés pour un logement trop petit pour que leurs épouses puissent cultiver les fleurs qui réjouissent le cœur des femmes et que leurs enfants puissent jouer, si ce n'est dans des sentiers sales.

«La famille d'un homme ne peut pas apprécier pleinement de la vie à moins qu'elle ait un terrain où les enfants puissent jouer dans la terre et où la femme puisse cultiver non seulement des fleurs, mais de bonnes herbes riches pour aromatiser les plats de sa famille.

«L'homme a le cœur content lorsque qu'il peut manger les figues de ses arbres et les raisins de ses vignes. Posséder une maison dans un quartier dont il est fier lui donne confiance en lui et l'encourage à accomplir toutes ses tâches. Aussi, je recommande que chaque homme possède un toit qui le protège, lui et les siens.

«Ce n'est pas au-delà de l'habileté d'aucun homme bien intentionné de posséder sa maison. Notre grand roi n'a-t-il pas agrandi les murs de Babylone afin de pouvoir acheter les terres inutilisées pour des sommes plus raisonnables?

«Je vous le dis, chers étudiants, que les prêteurs d'argent considèrent avec joie les hommes qui désirent acquérir des maisons et une terre pour leur famille. Vous pouvez emprunter rapidement pour rétribuer le fabricant de briques et le menuisier, ce but étant si louable, dans la mesure où vous pouvez disposer d'une partie raisonnable de la somme nécessaire.

«Puis, quand la maison est terminée, vous pouvez payer le prêteur avec la même régularité que si vous payiez le propriétaire. Quelques années suffiront à rembourser ce prêt, parce que chaque paiement réduira la dette au prêteur.

«Alors, votre cœur sera réjoui; vous posséderez de plein droit une propriété de valeur et votre seul paiement se réduira aux taxes du roi.

«Aussi, votre bonne épouse se rendra plus souvent à la rivière pour laver vos habits et chaque fois, elle rapportera une peau de chèvre remplie d'eau pour arroser les plantes.

«Alors, retombent des bénédictions sur l'homme qui possède sa propre maison. Il réduira de beaucoup son coût de la vie, libérant une grande partie de ses gains pour des plaisirs et la satisfaction de ses désirs. Voici donc le cinquième moyen de remplir votre bourse: possédez votre propre maison.»

### *LE SIXIÈME MOYEN*
Assurez-vous un revenu pour l'avenir.

«La vie de chaque homme part de l'enfance pour arriver à la vieillesse. C'est le sentier de la vie et personne ne peut en dévier à moins que les dieux ne l'appellent prématurément au monde de l'au-delà. Alors, je dis: il appartient à l'homme de prévoir un revenu convenable pour les jours à venir où il ne sera plus jeune et de préparer sa famille pour ce temps où il ne sera plus là pour la réconforter et pourvoir à ses besoins. Cette leçon vous enseignera à remplir votre bourse pour le temps où vous serez moins capables d'apprendre.» Ainsi s'adressa Arkad à sa classe, le sixième jour.

«L'homme qui, parce qu'il comprend les lois de la fortune, acquiert un gain qui grossit, devrait penser à ses jours futurs. Il devrait planifier certains investissements ou faire des économies sûres qui pourraient durer plusieurs années et qui resteraient disponibles quand le temps si sagement attendu arriverait.

«Chacun dispose de plusieurs façons pour se procurer ce qui est nécessaire pour son avenir. Il creuse une cachette et y enterrer un trésor secret. Mais quelle que soit l'habileté avec laquelle il le cachera, cet argent risque toujours de devenir le butin de voleurs. Pour cette raison, je ne recommande pas ce plan.

«Un homme peut acheter des maisons et des terres dans ce but. Si elles sont judicieusement choisies d'après leur utilité et leur valeur future, elles ont une valeur qui s'accroît et leurs bénéfices ou leur vente rapporteront conformément aux buts fixés.

«Un homme peut prêter une petite somme d'argent au prêteur et l'augmenter régulièrement. Les intérêts que le prêteur ajoute contribueront largement à l'augmentation du capital. Je connais un sandalier nommé Ausan qui m'a expliqué, il y a peu, que chaque semaine, durant huit ans, il a déposé deux pièces d'argent chez le prêteur. Le prêteur lui a tout récemment remis un état de compte dont il s'est grandement réjoui. Le total de ses petits dépôts avec leur intérêt au taux courant d'un quart de leur valeur, tous les quatre ans, a atteint mille quarante pièces d'argent.

«Je l'ai encouragé avec plaisir à continuer, en lui démontrant, grâce à ma connaissance des chiffres, que dans douze ans, ses dépôts hebdomadaires de deux pièces d'argent uniquement, lui rapporteraient alors quatre mille pièces d'argent; une source de subsistance valable pour le reste de ses jours.

«Il est sûr que lorsqu'un petit paiement régulier génère de si bons résultats, aucun homme ne peut se permettre de ne pas s'assurer un trésor pour sa vieillesse et la protection de sa famille, peu importe combien son affaire et ses investissements sont prospères.

«J'en dirai même plus à ce propos. Dans mon esprit est ancrée la croyance qu'un jour des hommes avertis inventeront un plan pour s'assurer contre la mort; les hommes paieront alors uniquement une petite somme régulièrement, le total constituant une somme importante versée à la famille de chaque membre qui passera dans l'au-delà. Je vois cela comme une chose désirable et je la recommanderais vivement. Aujourd'hui ce n'est pas possible parce que cela doit continuer au-delà de la vie d'un homme ou d'une association pour fonctionner correctement.

Cela doit être aussi stable que le trône du roi. Un jour, je sens qu'une telle option existera et ce sera une grande bénédiction pour beaucoup d'hommes, parce que même un premier petit paiement rendrait disponible une coquette somme pour la famille du membre qui la quitterait.

«Parce que nous vivons aujourd'hui, et non pas dans les jours à venir, nous devons profiter des moyens et des méthodes actuels pour réaliser nos objectifs. Donc, je recommande que tous les hommes, par des méthodes sages et bien élaborées, accumulent des biens pour leurs vieux jours. Car la maigre fortune d'un homme incapable de travailler pour gagner sa vie, ou une famille sans chef, est une douloureuse tragédie.

«Voici donc le sixième moyen de remplir sa bourse: prévoyez des revenus pour plus tard et assurez le bien-être de votre famille.»

### *LE SEPTIÈME MOYEN*
Augmentez votre habileté à acquérir des biens.

«Je vous entretiendrai aujourd'hui, chers étudiants, de l'un des plus importants moyens d'acquérir une fortune. Encore est-il que je ne parlerai pas d'or, mais de vous, des hommes aux vêtements colorés qui sont assis devant moi. Je vous parlerai de ces choses de l'esprit et de la vie des hommes qui favorisent ou s'opposent à leur succès.» Ainsi s'adressa Arkad à sa classe, le septième jour.

«Il y a peu, un jeune homme qui cherchait à emprunter vint me voir. Quand je le questionnai sur la raison de ses besoins, il se plaignit que ses revenus étaient insuffisants pour couvrir ses dépenses.

Là-dessus, je lui expliquai que, dans ce cas, il était un mauvais client pour le prêteur, puisqu'il n'avait pas la capacité de rembourser son emprunt.

«'Ce dont tu as besoin, jeune homme, lui ai-je dit, c'est de gagner davantage d'argent. Qu'est-ce que tu peux faire pour augmenter ta rémunération?'»

«Tout ce que je peux, répondit-il. J'ai sollicité mon maître six fois entre deux lunes pour une augmentation, mais sans succès. On ne peut pas faire plus.'

«Nous pouvons rire de sa simplicité, mais il possédait une exigence essentielle pour accroître ses gains. Il avait en lui un grand désir de gagner plus, un désir juste et souhaitable.

«Le désir doit précéder l'accomplissement. Vos désirs doivent être forts et bien définis. Des désirs vagues ne sont que de faibles souhaits. Le seul désir d'être riche n'a aucune valeur. Un homme qui désire cinq pièces d'or est animé d'un désir tangible qu'il peut s'empresser de réaliser. Une fois qu'il a renforcé son désir des cinq pièces d'or dans le but déterminé de les mettre en sécurité, il peut trouver des moyens similaires d'obtenir dix pièces d'or, puis vingt pièces et plus tard, mille pièces; et voilà qu'il est devenu riche. En apprenant à se fixer un petit désir bien défini, il s'est entraîné à s'en fixer un plus grand: c'est le processus par lequel les fortunes se bâtissent. On acquiert d'abord de petites sommes, puis des sommes plus importantes. Voilà comment l'homme apprend et devient ensuite plus habile.

«Les désirs doivent être petits et clairement définis. Ils s'opposent à leur propre but s'ils sont trop nombreux, trop confus, ou au-dessus des forces de l'homme qui les accomplit.

«À mesure qu'un homme s'améliore dans son métier, sa rémunération augmente. Autrefois, alors que j'étais un pauvre scribe sculptant dans l'argile pour quelques pièces par jour, j'ai observé que d'autres travailleurs accomplissaient plus que moi et étaient payés plus. Alors, j'ai décidé de ne plus être dépassé par personne. Assez rapidement, j'ai découvert la raison de leur grand succès. J'ai mis davantage d'intérêt dans mon métier, davantage de concentration à mon travail, davantage de persistance dans mon effort et bientôt peu d'hommes pouvaient sculpter plus de tablettes que moi en une journée. Peu de temps après, j'en ai été récompensé; il ne m'a pas été nécessaire d'aller voir mon maître six fois pour lui demander une augmentation.

«Plus nous acquérons de connaissances, plus nous pouvons gagner. L'homme qui cherche à apprendre plus dans son métier sera grandement récompensé. S'il est artisan, il peut chercher à apprendre les méthodes et utiliser les outils les plus perfectionnés. S'il travaille en loi ou en médecine, il peut consulter et échanger avec ces confrères. S'il est marchand, il peut continuellement chercher des produits de meilleure qualité qu'il peut vendre au plus bas prix.

«Les affaires dans la vie d'un homme changent et s'améliorent toujours parce que les hommes intelligents cherchent à apprendre plus pour mieux servir ceux dont ils dépendent.

Alors, je presse tous les hommes d'avancer vers le progrès et de ne pas rester à ne rien faire, à moins qu'ils veuillent être laissés pour compte.

«Il y a plusieurs obligations qui rendent la vie d'un homme riche pleine d'expériences enrichissantes. Ces choses, comme celles qui suivent, doivent être accomplies par l'homme qui se respecte lui-même.

«Il doit rembourser ses dettes avec toute la promptitude possible et il ne doit pas acheter des choses qu'il ne pourrait pas payer.

«Il doit pourvoir aux besoins des siens afin qu'ils pensent du bien de lui.

«Il doit rédiger un testament pour que, si les dieux venaient à l'appeler, ses biens soient répartis justement et équitablement.

«Il doit ressentir de la compassion pour ceux qui sont malades ou ceux qui sont accablés par la malchance, et les aider raisonnablement. Il doit être prévenant et charitable envers ceux qui lui sont chers.

«Donc, le septième et dernier moyen d'acquérir une fortune consiste à cultiver ses facultés intellectuelles, à étudier et à devenir plus sage et plus instruit, à agir en se respectant soi-même. Ainsi, vous obtiendrez la confiance en vous-même nécessaire à la réalisation des désirs auxquels vous avez réfléchi et que vous avez choisis.

«Voilà les sept moyens d'amasser une fortune, tirés d'une longue et prospère expérience de vie; je les recommande à ceux qui désirent la richesse.

«Il y a plus d'or dans la ville de Babylone, chers étudiants, que vous pouvez rêver d'en posséder. Il y en a largement pour tous.

«Allez de l'avant et appliquez ces vérités; puissiez-vous prospérer et devenir riches, comme c'est votre droit.

«Allez de l'avant et enseignez ces vérités à tous les honnêtes sujets de Sa Majesté qui aspirent à se partager largement les grandes richesses de notre ville bien-aimée.»

## LA DÉESSE CHANCE

« Si un homme a de la chance, il est impossible de prédire l'étendue de sa richesse. Jetez- le dans l'Euphrate et il en ressortira avec une perle à la main.» — Proverbe babylonien

Le désir d'avoir de la chance est partagé par tous les hommes. Il était aussi présent dans le cœur des hommes d'il y a quatre mille ans qu'il l'est dans le cœur des hommes aujourd'hui. Nous espérons tous être favorisés par la capricieuse déesse de la Chance. Y a-t-il une manière d'attirer non seulement son attention, mais aussi sa générosité?

Est-il possible d'attirer la chance?

C'est justement ce que les gens de l'antique Babylone voulaient savoir. C'est cela précisément qu'ils ont décidé de découvrir. C'étaient des hommes clairvoyants et d'habiles penseurs. Ceci explique pourquoi leur ville devint la plus opulente et la plus puissante de leur temps.

À cette époque lointaine, il n'y avait ni école ni collège. Cependant, il y avait un centre d'apprentissage très pratique. Parmi les édifices flanqués de tours bâtis dans Babylone, ce centre avait autant d'importance que le palais royal, les jardins suspendus et les temples des dieux.

Vous constaterez qu'on en parle peu dans les livres d'histoire, probablement pas du tout, bien qu'il ait exercé une grande influence sur la pensée de ce temps-là.

Cet édifice était le Temple de la Connaissance où la sagesse des temps passés était expliquée par des professeurs volontaires et où les sujets d'intérêt général étaient discutés en assemblée ouverte. Dans ses murs, tous les hommes étaient égaux. Le plus humble des esclaves pouvait discuter sans crainte les opinions du prince du palais royal.

Parmi les gens qui fréquentaient le Temple de la Connaissance, se trouvait un homme sage et fortuné nommé Arkad, considéré comme l'homme le plus riche de Babylone. Il y avait une salle spéciale où presque tous les soirs de nombreux hommes, quelques-uns vieux, d'autres très jeunes, mais la plupart d'âge mûr, se rassemblaient pour discuter d'intéressants sujets. Si nous écoutions pour vérifier s'ils savaient comment attirer la chance...

Le soleil venait de se coucher, semblable à une grosse boule de feu brillant à travers la brume du désert poussiéreux, quand Arkad se dirigea vers son estrade habituelle. Il y avait déjà une quarantaine d'hommes qui attendaient son arrivée, assis sur de petits tapis posés à même le plancher. D'autres hommes arrivaient. «De quoi discuterons-nous ce soir?» demanda Arkad. Après une courte hésitation, un grand homme, un tisserand, lui adressa la parole en se levant comme c'était la coutume. «Il y a un sujet sur lequel j'aimerais entendre des opinions; toutefois, j'hésite à le formuler de crainte qu'il ne vous semble ridicule, ainsi qu'à vous, mes bons amis.»

Pressé par Arkad et les autres, il continua: «Aujourd'hui, j'ai eu de la chance, car j'ai trouvé une bourse remplie de pièces d'or. J'aimerais beaucoup continuer à avoir de la chance. Assumant que tous les hommes partagent avec moi ce désir, je suggère que nous débattions maintenant comment attirer la chance afin que nous puissions découvrir les façons dont on peut la séduire.»

«Un sujet des plus intéressants vient d'être proposé, commenta Arkad, un sujet très valable. Pour certains hommes, la chance n'arrive pour ainsi dire que par hasard, comme un accident, et peut tomber sur quelqu'un sans but ni raison.

D'autres croient que la créatrice de la bonne fortune est notre bonne déesse Ishtar, toujours désireuse de récompenser par de généreux cadeaux ceux qui lui plaisent. Qu'en dites-vous, mes amis; devons-nous chercher à découvrir les moyens d'attirer la chance et de l'inciter à visiter chacun de nous?»

«Oui,oui! Et autant qu'il en faudra», clamèrent les auditeurs impatients dont le nombre grossissait.

Là-dessus, Arkad continua: «Pour commencer notre discussion, écoutons d'abord ceux d'entre nous qui ont connu une expérience semblable à celle du tisserand, et qui ont trouvé ou ont reçu, sans effort de leur part, des trésors de valeur ou des bijoux.»

Tous se regardèrent pendant un instant, attendant que quelqu'un réponde, mais personne ne le fit.

«Quoi, personne? dit Arkad. Alors, pareille chance doit vraiment être rare. Qui maintenant va suggérer comment poursuivre notre recherche?»

«Moi, dit un jeune homme bien vêtu, en se levant. Quand un homme parle de chance, n'est-il pas naturel que ses pensées se posent sur les salles de jeu? N'est-ce pas là que nous trouvons des hommes courtisant les faveurs de la déesse, espérant qu'elle les bénira en leur accordant de grandes sommes?»

Comme il se rassît, une voix cria: «N'arrête pas. Continue ton histoire; dis-nous si tu as connu la faveur de la déesse dans les salles de jeu. A-t-elle tourné les dés du côté rouge pour que tu remplisses ta bourse et vides celle du croupier, ou a-t-elle permis au côté bleu d'être en vue afin que le croupier ramasse tes pièces d'argent si durement gagnées?»

Le jeune homme rit avec les autres, puis répondit: «Je n'ai pas peur d'admettre qu'elle n'a pas semblé avoir remarqué ma présence. Et vous? L'avez-vous trouvée qui attendait dans de tels endroits pour rouler les dés en votre faveur? Nous avons tout aussi hâte d'entendre que d'apprendre.»

«Un bon début, interrompit Arkad. Nous nous rencontrons ici pour examiner tous les aspects de chaque question. Ignorer les salles de jeu nous ferait négliger un attrait commun à presque tous les hommes: la tentation de risquer une petite somme d'argent en espérant qu'elle rapporte beaucoup.»

«Cela me rappelle les courses de chevaux d'hier, ajouta un autre auditeur. Si la déesse fréquente les salles de jeu, elle ne délaisse certainement pas les courses où les chars dorés et les chevaux écumants offrent de loin un plus grand divertissement.

Dites-nous honnêtement, Arkad, ne vous a-t-elle pas chuchoté de parier sur ces chevaux gris de Ninive, hier? Je me tenais juste derrière vous et je n'en croyais pas mes oreilles quand je vous ai entendu miser sur les gris. Vous savez aussi bien que nous qu'aucun attelage dans toute l'Assyrie ne peut battre nos bien-aimées juments dans une course régulière.

«Est-ce que la déesse vous a murmuré à l'oreille de parier sur les gris parce qu'au dernier tournant, le cheval noir de l'intérieur trébucherait et ainsi gênerait nos juments, de sorte que les gris gagneraient la course et remporteraient une victoire non méritée?»

Arkad sourit avec indulgence à la plaisanterie. «Quelle raison avons-nous de penser que la déesse prendrait tant d'intérêt pour le pari du premier venu dans une course de chevaux? Elle m'apparaît être une déesse d'amour et de dignité qui aime à aider les gens dans le besoin et à récompenser ceux qui le méritent. Je la cherche, non pas dans les salles de jeu, ni aux courses où les hommes perdent plus d'or qu'ils n'en gagnent, mais là où les actions des hommes sont plus valeureuses et méritent d'être bien mieux récompensées.

«Au cultivateur, au commerçant honnête, aux hommes de toutes occupations se présentent les occasions de faire un profit à la suite d'efforts et de transactions. L'homme ne sera peut-être pas toujours récompensé, parce que son jugement est faussé parfois et que le temps et les vents contrarient parfois ses efforts. Mais, s'il persiste, il peut normalement s'attendre à réaliser un profit, les chances de profit étant toujours en sa faveur.

«Mais, quand un homme risque au jeu, la situation est inverse : les chances de profit sont toujours retournées contre lui et toujours en faveur du propriétaire de la maison de jeu. Le jeu est ainsi fait qu'il travaille toujours en faveur du propriétaire de la maison de jeu. C'est son commerce, grâce auquel il prévoit de réaliser un grand profit à partir des pièces de monnaie misées par les joueurs. Peu de joueurs ont conscience que leurs chances sont à ce point incertaines et les profits du propriétaire, assurés.

«Par exemple, examinons les paris sur les dés. Chaque fois qu'ils sont lancés, nous misons sur le côté qui sera en vue. Si c'est le rouge, le maître de jeu nous rémunère quatre fois notre mise. Mais si n'importe lequel des cinq autres côtés vient sur le dessus, nous perdons notre mise. Alors, les calculs démontrent que pour chaque dé lancé, nous avons cinq chances de perdre; mais parce que le rouge paie quatre pour un, nous avons quatre chances de gagner. Au cours d'une soirée, le maître de jeu peut espérer garder une pièce sur cinq de toutes les pièces de monnaie pariées. Un homme peut-il s'attendre à gagner plus qu'occasionnellement quand les chances sont organisées pour qu'il perde le cinquième de tous ses paris?»

«Mais certains gagnent de grandes sommes, quelquefois», dit spontanément un des auditeurs.

«C'est vrai, cela se produit, continua Arkad. Me rendant compte de cela, je me demande si l'argent gagné de cette manière apporte une valeur permanente à ceux que la chance favorise. Parmi mes connaissances, il s'y trouve beaucoup d'hommes de Babylone qui réussissent en affaires, mais je suis incapable d'en nommer un qui a réussi en ayant recours à une telle source.

«Vous, qui êtes assemblés ici, ce soir, connaissez-vous des citoyens riches ? Il serait intéressant de savoir combien de citoyens arrivés peuvent attribuer leur succès aux salles de jeu. Si chacun de vous disait ce qu'il en sait, qu'est-ce que vous en dites?»

Après un long silence, quelqu'un osa. «Cela incluait-il les propriétaires des maisons de jeu?»

«Si vous ne pouvez penser à personne d'autre, répondit Arkad, et si aucun nom ne vous vient à l'esprit, qu'en est-il de vous-mêmes? Qui parmi nous, gagnant régulièrement, hésitent à conseiller une telle source de revenus?»

Des grognements s'élevèrent vers l'arrière et s'étendirent au milieu de rires.

«Il semble que nous ne recherchions pas la chance dans de tels endroits au moment où la déesse les fréquente, continua-t-il. Alors explorons d'autres lieux. Nous ne l'avons pas rencontrée en ramassant des sacs perdus. Nous ne l'avons pas rencontrée non plus en hantant les salles de jeu. En ce qui concerne les courses, je dois vous confesser que j'ai perdu beaucoup plus que je n'ai gagné.

«Maintenant, attardons-nous à examiner nos métiers et nos affaires. N'est-il pas naturel, lorsque nous concluons une bonne transaction, de ne pas l'attribuer à la chance, mais comme la juste récompense de nos efforts? J'ai tendance à croire que nous ignorons les présents de la déesse.

Peut-être nous aide-t-elle vraiment au moment où nous n'apprécions pas sa générosité. Qui peut relancer la discussion?»

Là-dessus, un marchand âgé se leva, lissant les plis de sa robe blanche: «Avec votre permission, Honorable Arkad et mes amis, voici une suggestion. Si comme vous l'avez dit, nous attribuons nos succès en affaires à notre assiduité au travail et notre habileté à réussir, pourquoi ne pas considérer les succès qui nous ont échappé uniquement à la fin comme des événements qui auraient été des plus profitables? Ils auraient été de rares exemples de chance s'ils s'étaient réalisés. Parce qu'ils ne se sont pas accomplis, nous ne pouvons pas les considérer comme des récompenses justes. Il y a sûrement ici des hommes qui ont vécu de telles expériences et peuvent nous les raconter.»

«Voici une sage réflexion, dit Arkad. Qui parmi vous a rencontré la chance à la portée de sa main et l'a vue aussitôt s'envoler?»

Plusieurs mains s'étaient levées; parmi elles, celle du marchand. Arkad l'invita à parler. «Comme tu as suggéré cette discussion, nous aimerions d'abord t'entendre.»

«C'est avec plaisir que je vais vous relater une expérience vécue, reprit-il. Cela illustrera jusqu'à quel point la chance peut s'approcher d'un homme et comment celui-ci peut la laisser partir sans le vouloir, à son plus grand regret.

«Il y a plusieurs années, alors que j'étais un jeune homme à peine marié et que je commençais à bien gagner ma vie, mon père vint me voir et me pressa d'effectuer mon premier placement.

Le fils d'un de ses bons amis avait remarqué une bande de terre aride non loin des murs de notre ville. Elle se trouvait au-dessus du canal où l'eau ne se rendait pas.

«Le fils de l'ami de mon père eut l'idée d'acheter cette terre et d'y construire trois grandes roues actionnées par des bœufs afin d'amener de l'eau et donner la vie au sol stérile. Ceci accompli, il diviserait la terre en petites bandes qu'il vendrait aux citadins pour en faire des jardins.

«Le fils de l'ami de mon père manquait d'or pour mener à bien l'entreprise. C'était un jeune homme qui gagnait un bon salaire, comme moi. Son père, comme le mien, était un homme à la tête d'une famille nombreuse et de faibles moyens. Donc, il décida d'intéresser un groupe d'hommes à son entreprise. Le groupe devait comprendre douze personnes, chacune avec un revenu et acceptant d'investir le dixième de leurs gains dans l'entreprise jusqu'à ce que la terre soit prête à être vendue. Alors, tous partageraient équitablement les profits proportionnellement à leur investissement.

«Toi, mon fils, me dit mon père, tu es maintenant un jeune homme. Mon désir le plus profond que tu commences à faire des acquisitions pour ton bien-être et pour devenir respecté parmi les hommes. Je souhaite te voir profiter de mes erreurs passées.

«'Ceci me plairait beaucoup, mon père', ai-je répliqué.

«'Alors, je te conseille ceci: fais ce que j'aurais dû faire à ton âge. Conserve le dixième de tes gains pour les placer dans des investissements profitables. Avec le dixième de tes gains et ce qu'il rapportera, tu pourras, avant d'avoir mon âge, accumuler des valeurs importantes.

«'Vous parlez sagement, mon père. Je désire ardemment acquérir des richesses. Mais il y a beaucoup d'endroits où mes gains sont dépensés. Donc, j'hésite à suivre votre conseil. Je suis jeune. Il me reste beaucoup de temps.'

«'Je pensais ainsi à ton âge, mais vois, et années ont passées et je n'ai toujours pas commencé à amasser des biens.

«'Nous vivons dans un autre temps, mon père. J'éviterai vos erreurs.'

«'L'occasion se présente à toi, mon fils. Elle t'offre une chance qui peut te conduire à la richesse. Je t'en supplie, ne tarde pas. Demain, va voir le fils de mon ami et conclus avec lui un investissement de dix pour cent de ce que tu gagnes dans cette affaire. Vas-y sans tarder. L'occasion n'attend personne. Aujourd'hui elle est présente, bientôt elle se sera envolée. Donc, n'attends pas.'

«En dépit de l'avis de mon père, j'ai hésité. Il y avait de très beaux vêtements que les commerçants de l'Est venaient juste de rapporter; des vêtements d'une telle richesse et d'une telle beauté que ma femme et moi avons estimé que nous devions bien en posséder un. Si j'avais accepté d'investir le dixième de mes gains dans l'entreprise, nous aurions dû nous priver de ces vêtements et d'autres plaisirs que nous apprécions.

J'ai retardé ma décision jusqu'à ce qu'il soit trop tard; mal m'en prit. L'entreprise s'est avérée plus profitable qu'on aurait pu le prédire. Voilà comment j'ai permis à la chance de s'échapper.»

«Dans cette histoire, nous voyons que la chance attend et vient à l'homme qui saisit l'occasion, commenta un homme du désert au teint bronzé. Il doit toujours y avoir un commencement à l'acquisition de biens. Ce peut être quelques pièces d'or ou d'argent qu'un homme retire de ses gains pour constituer son premier investissement. Je suis moi-même propriétaire de plusieurs troupeaux. J'ai commencé à acheter des animaux alors que j'étais un petit garçon, échangeant un jeune veau contre une pièce d'argent. Ce geste, symbolisant le commencement de ma richesse, revêtit une très grande importance pour moi. Le premier pas dans l'acquisition de biens constitue toute la chance dont un homme a besoin. Pour tous les hommes, ce premier pas est le plus important, car il marque le passage d'un homme qui gagne à partir de son propre labeur à un homme qui retire des dividendes de son or. Heureusement, certains hommes saisissent l'occasion quand ils sont jeunes et ainsi dépassent en succès financiers ceux qui ne la saisissent que plus tard ou ceux qui sont des hommes infortunés comme le père de ce marchand qui ne l'a jamais saisie.

«Si notre ami le marchand avait fait ce premier pas alors qu'il était jeune et que l'occasion s'en présentait, il serait maintenant comblé des richesses de ce monde. Si la chance de notre ami le tisserand l'avait poussé à faire un tel pas en ce temps, cela aurait certainement été le début d'une bien plus grande chance.»

«Merci! J'aimerais aussi parler.» Un étranger se leva alors. «Je suis Syrien. Je ne parle pas très bien votre langue. J'aimerais donner un nom à cet ami, le marchand. Vous penserez peut-être que ce nom n'est pas poli, mais j'entends le nommer ainsi. Mais, hélas, je ne connais pas votre mot pour cela. Si je le dis en syrien, vous ne comprendrez pas. Alors, dites-moi, s'il vous plaît, messieurs, comment qualifiez-vous un homme qui tarde à réaliser ces choses qui sont très bonnes pour lui?»

«Temporisateur», proposa une voix.

«C'est cela, cria le Syrien, agitant ses mains avec excitation. Il ne saisit l'occasion quand elle se présente. Il attend. Il dit qu'il est trop occupé. Au revoir, je te reverrai... L'occasion, elle, n'attend pas les gens aussi lents. Elle pense que si un homme désire avoir de la chance, il va se dépêcher de réagir. Tout homme qui ne réagit pas quand l'occasion s'offre à lui est un grand temporisateur, comme notre ami le marchand.»

Le marchand se leva et salua d'un bon naturel en réponse aux rires. «J'ai de l'admiration pour toi, étranger, qui pénètre dans nos murs et ose dire la vérité.»

«Et maintenant, écoutons une autre histoire. Qui veut raconter une autre expérience?» demanda Arkad.

«J'en ai une, répondit un homme d'âge moyen, vêtu d'une robe rouge. Je suis acheteur d'animaux, essentiellement des chameaux et des chevaux. Quelquefois, j'achète aussi des moutons et des chèvres. L'histoire que je vais vous raconter illustre vraiment comment la chance vint un soir au moment où je l'attendais le moins. C'est peut-être à cause de cette raison que je l'ai laissée s'échapper.

Vous pourrez en juger par vous-mêmes!

«Rentrant à la ville, un soir, après un voyage démoralisant de dix jours à la recherche de chameaux, j'étais très en colère de trouver les portes de la ville fermées et verrouillées. Pendant que mes esclaves dressaient notre tente pour la nuit que nous prévoyions de passer avec peu de nourriture et pas d'eau, un vieux fermier qui, comme nous, se trouvait retenu à l'extérieur, s'approcha de moi.

«'Honorable Sire, dit-il en s'adressant à moi, vous me semblez être un acheteur de bétail. Si c'est vrai, voici un excellent troupeau de moutons que nous venons de conduire ; je vous le vends. Hélas, ma bonne épouse est très malade, avec une forte fièvre. Je dois vite retourner à ma demeure. Si vous achetiez mes moutons, nous pourrions, mes esclaves et moi, monter nos chameaux et faire le voyage de retour sans délai!

«Il faisait si noir que je ne pouvais pas voir son troupeau, mais au son du bêlement, je savais qu'il était important. Ayant perdu dix jours à rechercher des chameaux sans en trouver, j'étais content de conclure un marché avec lui. Dans son anxiété, il fit un prix très raisonnable. J'acceptai, sachant bien que mes esclaves pourraient faire franchir les portes de la ville au troupeau dans la matinée, les vendre, et me rapporter un profit substantiel.

«L'affaire conclue, j'appelai mes esclaves qui apportèrent des torches afin que nous puissions voir le troupeau, qui, selon le fermier, comptait neuf cents moutons.

Je ne vous ennuierai pas en vous décrivant les difficultés que nous eûmes à compter des moutons si assoiffés, fatigués et agités. La tâche s'avérait impossible. Alors, j'ai carrément informé le fermier que je les compterais à la lumière du jour et les lui paierais à ce moment-là.

«'S'il vous plaît, Honorable Sire, plaida-t-il, payez-moi uniquement les deux tiers du prix ce soir, que je puisse partir. Je laisserai mon esclave le plus intelligent et le plus instruit pour vous aider à compter les moutons dans la matinée. Il est fiable et vous lui verserez le solde.'

«Mais j'étais têtu et j'ai refusé tout paiement ce soir-là. Le matin venu, avant mon réveil, les portes de la ville s'ouvrirent et quatre acheteurs de troupeaux sortirent à la recherche de moutons. Ils étaient des plus impatients et acceptèrent volontiers de payer le gros prix parce que la ville était menacée de siège et que la nourriture se faisait rare. Le vieux fermier reçut près de trois fois le prix qu'il m'avait offert pour son troupeau. C'était une chance rare que j'avais laissé passer.»

«Voici une histoire des plus extraordinaires, acquiesça Arkad. Quelle sagesse suggère-t-elle?»

«La sagesse de procéder au paiement dès nous sommes convaincus que la transaction est sage, suggéra un vénérable fabricant de selles. Si l'affaire est bonne, alors vous devez vous protéger contre votre propre faiblesse autant que contre n'importe quel homme. Nous, mortels, sommes changeants. Hélas, je dois dire plus apte à changer d'idée lorsque nous n'avons raison que lorsque nous avons tort. Dans le tort, nous sommes très certainement têtus. Lorsque nous avons raison, nous avons tendance à vaciller et à laisser l'occasion s'échapper. Ma première idée est toujours la meilleure.

Cependant, j'ai toujours trouvé difficile de me contraindre à bâcler une bonne affaire une fois qu'elle est décidée. Alors, en protection contre ma propre faiblesse, j'effectue un dépôt sur-le-champ. Ceci m'empêche de regretter plus tard les bonnes occasions que j'aurais laissé filer.»

«Merci! J'aimerais encore parler.» Le Syrien était debout encore une fois. «Ces histoires se ressemblent. Chaque fois la chance s'envole pour la même raison. Chaque fois, elle offre au temporisateur, une bonne affaire. Chaque fois, il hésite, il ne dit pas: 'Là, c'est le moment opportun, j'agis vite.' Comment les hommes peuvent-ils réussir de cette façon?»

«Ces mots sont sages, mon ami, répondit l'acheteur. La chance s'est éloignée du temporisateur dans ces deux histoires. Mais ce n'est pas hors du commun. La manie de remettre à plus tard habite tous les hommes. Nous désirons des richesses, mais combien de fois, quand l'occasion se présente à nous, cette manie de temporiser ne nous incite-t-elle pas à reporter notre décision? En lui cédant, nous devenons notre pire ennemi.

«Quand j'étais plus jeune, j'ignorais ce terme populaire que notre ami de Syrie aime. J'attribuais, au début, à un manque de jugement la perte de transactions avantageuses. Plus tard, j'ai mis cela au compte de mon entêtement. Finalement, j'ai appréhendé ce que c'était: une habitude de retarder inutilement la prompte décision, une action nécessaire et décisive. J'ai vraiment détesté cette habitude quand son vrai caractère s'est révélé. Avec l'amertume d'un âne sauvage attelé à un char, j'ai brisé les entraves de cette habitude et travaillé à mon succès.»

«Merci! J'aimerais poser une question à monsieur le marchand, dit le Syrien. Vous portez de belles robes, certainement pas celles d'un pauvre homme. Vous parlez tel un homme qui réussit. Dites-nous, succombez-vous maintenant à la manie de temporiser?»

«Comme notre ami l'acheteur, j'ai aussi reconnu et conquis l'habitude de temporiser, répondit le marchand. Pour moi, elle s'est avérée être un ennemi redoutable, me surveillant et attendant le moment de contrarier mes réalisations. L'histoire que j'ai racontée n'en est qu'une parmi plusieurs semblables que je pourrais relater pour vous montrer comment j'ai rejeter les bonnes occasions. L'ennemi n'est pas difficile à maîtriser, une fois reconnu. Aucun homme ne permet volontairement à un voleur de s'emparer de ses réserves de grain. Il n'y a pas non plus d'homme qui permet volontiers à un ennemi d'éloigner ses clients et de s'accaparer ses profits. Quand un jour, j'ai compris que la temporisation était mon pire ennemi, je l'ai vaincue avec détermination. Ainsi chaque homme doit maîtriser sa propre tendance à temporiser avant de pouvoir s'attendre à partager les riches trésors de Babylone.

«Qu'en pensez-vous Arkad? Parce que vous êtes l'homme le plus riche de Babylone, plusieurs vous proclament le plus favorisé par la chance. Êtes-vous d'accord avec moi pour dire qu'aucun homme ne peut parvenir à un total succès tant qu'il n'a pas complètement étouffé en lui la manie de temporiser?»

«Cela est vrai, admit Arkad. Durant ma longue vie, j'ai vu des hommes de plusieurs générations avancer le long des avenues de la science et des connaissances qui mènent au succès. Des occasions se sont présentées à tous ces hommes.

Quelques-uns les saisirent et purent aussitôt satisfaire leurs plus chers désirs; mais la majorité hésita, se retira et prit du recul.»

Arkad se tourna vers le tisserand. «Toi qui nous as suggéré de parler de la chance, dis-nous ce que tu penses maintenant du sujet.»

«Je vois la chance sous un nouveau jour. Je pensais que c'était quelque chose de désirable qui pouvait arriver à un homme sans effort de sa part. Maintenant, j'ai conscience qu'il ne s'agit pas d'un événement que l'on peut attirer à soi. Notre discussion m'a appris que pour attirer la chance à soi, il faut profiter hâtivement des occasions qui se présentent. C'est pourquoi, à l'avenir, je m'efforcerai de tirer le meilleur parti possible des occasions qui se présenteront à moi.»

«Tu as bien compris les vérités révélées au cours de notre discussion, répondit Arkad. La chance prend souvent la forme d'une occasion, mais vient rarement autrement. Notre ami le marchand aurait eu bien de la chance s'il avait accepté l'occasion que la déesse lui présentait. Notre ami l'acheteur, également, aurait profité de la chance s'il avait accepté d'acheter le troupeau et l'avait revendu avec profit.

«Nous avons continué cette discussion pour découvrir comment la chance pourrait nous favoriser. Je pense que nous sommes sur la bonne voie. Les deux histoires ont illustré que la chance prend la forme d'une occasion. De tout ceci découle la vérité, vérité que plusieurs histoires semblables de chance gagnée ou perdue ne pourraient changer: la chance peut vous favoriser si vous saisissez l'occasion qui se présente.

«Ceux qui n'attendent pas pour saisir les occasions afin d'en tirer le meilleur parti, attirent l'attention de la bonne déesse. Elle est toujours empressée d'aider ceux qui lui plaisent. Ce sont les hommes d'action qui lui plaisent le plus.

«L'action te conduira vers les succès que tu recherches.»

### *LES HOMMES D'ACTION SONT FAVORISÉS PAR LA DÉESSE CHANCE.*

## LES CINQ LOIS DE L'OR

«Si tu avais à choisir entre un sac rempli d'or et une tablette d'argile gravée de mots remplis de sagesse, que choisirais-tu?»

À côté de la lumière vacillante d'un feu d'arbustes du désert, les visages bronzés des auditeurs brillaient, animés par l'intérêt.

«L'or, l'or», dirent en chœur les vingt-sept personnes présentes. Le vieux Kalabab, connaissant leur réponse à l'avance, sourit.

«Ah! reprit-il en levant la main. Entendez les chiens sauvages là-bas, dans la nuit. Ils hurlent et gémissent parce qu'ils sont tenaillés par la faim. Mais nourrissez-les et voyez ce qu'ils font. Ils se battent et se pavanent. Puis, ils se battent et se pavanent encore plus, sans se soucier du lendemain.

«Exactement comme les fils des hommes. Donnez-leur le choix entre l'or et la sagesse — qu'est-ce qu'ils font? Ils ignorent la sagesse et choisissent l'or pour le gaspiller. Le lendemain, ils gémissent parce qu'ils n'ont plus d'or.

«L'or est réservé à ceux qui en connaissent les lois et s'y conforment.»

Kalabab ramena sa robe blanche sur ses maigres jambes, car la nuit était froide et le vent soufflait fort.

«Parce que vous m'avez servi fidèlement tout au long de notre voyage, parce que vous avez bien pris soin de mes chameaux, parce que vous avez peiné durement sans vous plaindre à travers les sables du désert et parce que vous avez combattu courageusement les voleurs qui cherchaient à me dérober mes biens, je vais vous raconter, ce soir, l'histoire des cinq lois de l'or, une histoire comme vous n'en avez jamais entendu auparavant.

«Oyez, oyez! Prêtez oreille à mes paroles pour en comprendre la signification et en tenir compte à l'avenir si vous désirez posséder une grande fortune.»

Il marqua une très longue pause. Sur la coupole bleue du ciel, brillaient des étoiles. Derrière le groupe se dessinaient les tentes décolorées qu'on avait attachées solidement, en prévision de possibles tempêtes de sable. À côté des tentes, des ballots de marchandises recouverts de peaux étaient proprement empilés. Près de là, des chameaux couchés dans le sable ruminaient avec satisfaction, tandis que d'autres ronflaient, avec un bruit rauque.

«Tu nous a déjà raconté plusieurs bonnes histoires, Kalabab, dit à haute voix le chef de la caravane. Nous discernons en toi la sagesse qui nous guidera après que nous cesserons de te servir.»

«Après mes aventures en terres lointaines et étrangères, ce soir je vais vous parler de la sagesse d'Arkad, l'homme sage qui est très riche.»

«Nous avons beaucoup entendu parler de lui, admit le chef de caravane, car il était l'homme le plus riche qui ait jamais vécu à Babylone.»

«Il était l'homme le plus fortuné, parce qu'il usait sagement l'or, plus que quiconque avant lui. Ce soir, je vais vous raconter sa grande sagesse comme elle me fut racontée par Nomasir, son fils, il y a plusieurs années à Ninive alors que je n'étais qu'un jeune homme.

«Mon maître et moi étions restés tard dans la soirée au palais de Nomasir. J'avais aidé mon maître à apporter de grands rouleaux de somptueux tapis qui devaient être montrés à

Nomasir afin qu'il choisisse parmi eux. Finalement, il fut bien content et il nous invita à nous asseoir avec lui et à boire un vin rare et odorant qui réchauffait l'estomac, boisson à laquelle je n'étais pas accoutumé.

«Alors, il nous conta l'histoire de la grande sagesse d'Arkad, son père, celle que je vais vous raconter.

«Selon la coutume de Babylone, vous savez, les fils des riches restent avec leurs parents en attendant d'hériter. Arkad désapprouvait cette coutume. Alors, lorsque Nomasir eut droit à sa part, il envoya le jeune homme en lui disant :

«'Mon fils, il est de mon désir que tu hérites de mes biens. Tu dois cependant prouver que tu peux les gérer sagement. Donc, je désire que tu voyages dans le monde et que tu montres ton habileté à acquérir de l'or et à te faire respecter des hommes.

« Pour que tu partes du bon pied, je te donnerai deux choses qui me manquaient lorsque j'ai commencé, pauvre jeune homme, à amasser une fortune.

«'Premièrement, je te donne cette bourse d'or. Si tu l'utilises sagement, tu auras les bases de ta réussite future.

«'Deuxièmement, je te donne cette tablette d'argile sur laquelle sont gravées les cinq lois de l'or. Si seulement tu les respectes dans tes propres transactions, tu acquerras compétence et sécurité.

«'Dans dix ans, tu reviendras à la maison de ton père et tu rendras compte de tes actes. Si tu as prouvé ta valeur, je te désignerai alors héritier de mes biens. Sinon, je les donnerai aux prêtres pour qu'ils prient pour mon âme, afin de gagner la bonne considération des dieux.'

«Ainsi, Nomasir partit vivre sa propre expérience, emportant avec lui sa bourse d'or, la tablette soigneusement enveloppée dans du tissu de soie, son esclave et des chevaux pour les porter.

«Les dix années passèrent rapidement et Nomasir, selon l'accord conclu, revint à la maison de son père qui prépara un grand festin en son honneur, festin auquel étaient invités plusieurs amis et parents. Le repas terminé, le père et la mère s'installèrent sur leurs sièges, semblables à des trônes, placés dans la grande salle, et Nomasir se plaça devant eux pour rendre compte de ses actes comme il l'avait promis à son père.

«Le soir était tombé. La salle était baignée de la fumée des lampes à l'huile qui éclairaient faiblement. Les esclaves vêtus de vestons blancs tissés et de tuniques battaient l'air humide avec de longues feuilles de palmier.

La scène était imposante. La femme de Nomasir et ses deux jeunes fils, des amis et d'autres membres de la famille, tous impatients, s'assirent sur des tapis derrière lui.

«'Mon père, commença-t-il avec déférence, je m'incline devant votre sagesse. Il y a dix ans, alors que je me préparais à entrer dans l'âge adulte, vous m'avez ordonné de partir et de devenir un homme parmi les hommes, plutôt que demeurer un simple candidat à votre fortune.

«'Vous m'avez remis beaucoup d'or. Vous m'avez transmis beaucoup de votre sagesse. Hélas, je dois admettre, à mon grand regret, que j'ai bien mal géré cet or. Il glissa entre mes mains, certainement à cause de mon inexpérience, tel un lièvre sauvage qui se sauve à la première occasion que lui offre le jeune chasseur qui l'a capturé.'

«Le père sourit avec indulgence. 'Continue, mon fils, ton récit m'intéresse et j'en veux tous les détails.'

«'Je décidai de me rendre à Ninive parce que c'était une ville florissante, dans l'espoir d'y trouver de bonnes occasions. Je me suis joint à une caravane et me suis fait de nombreux amis. Deux hommes, qui étaient reconnus pour posséder le plus beau cheval blanc, aussi rapide que le vent, en faisaient partie.

« 'Pendant le voyage, ils m'ont confié qu'à Ninive vivait un homme qui possédait un cheval si rapide qu'il n'avait jamais été dépassé dans aucune course. Son propriétaire était persuadé qu'aucun cheval vivant pouvait courir plus vite.

Il était prêt à parier n'importe quel montant, aussi grand fut-il, que son cheval pouvait distancer n'importe quel autre dans tout Babylone. Comparé à leur cheval, dirent mes amis, il n'était qu'un âne chétif, facile à battre.

« 'Ils m'ont proposé, à titre de grande faveur, de me joindre à eux dans la gageure. J'étais très excité par cet emballant projet.

« 'Notre cheval a été bien battu et j'ai perdu une grande partie de mon or.' Le père rit. 'Plus tard, j'ai découvert que c'était une escroquerie organisée par ces hommes et qu'ils voyageaient constamment avec des caravanes en quête de nouvelles victimes. Vous voyez, l'homme de Ninive était leur partenaire et il partageait avec eux les paris qu'il gagnait. Ce faux plan me donna ma première leçon de méfiance.

« 'Je devais bientôt en avoir une autre, tout aussi amère. Dans la caravane, il y avait un jeune homme avec qui je m'étais lié d'amitié. Il était fils de parents riches et comme moi, se rendait à Ninive pour trouver une situation acceptable. Peu après notre arrivée, il me dit qu'un riche marchand était décédé et que sa boutique, sa marchandise de valeur et sa clientèle pourraient nous être offertes à un prix très abordable. Suggérant que nous pourrions être associés à parts égales, mais qu'il devait d'abord retourner à Babylone placer son argent en sécurité, il me convainquit d'acheter la marchandise avec mon or.

«'Il retarda son voyage à Babylone, et s'avéra un acheteur peu sage et dépensier. Je l'ai finalement congédié, mais déjà l'affaire s'était détériorée tant qu'il ne restait presque plus que des marchandises invendables et je n'avais plus d'or pour en acheter d'autres.

J'ai cédé ce qui restait à un Israélite pour une modeste somme.

«'Les jours qui ont suivi furent amers, mon père. J'ai cherché du travail et je n'en ai pas trouvé, car je n'avais point de métier ni de profession qui m'aurait permis de gagner de l'argent. J'ai vendu mes chevaux. J'ai vendu mon esclave. J'ai vendu mes vêtements d'appoint pour acheter de quoi manger et une place pour dormir, mais chaque jour, la faim se faisait sentir de plus en plus.

«'Pendant cette période de famine, je me suis souvenu de votre confiance en moi, mon père. Vous m'aviez envoyé pour que je devienne un homme et j'étais déterminé à le devenir.' La mère se cacha la face et pleura tendrement.

«'À ce moment-là, je me suis souvenu de la tablette que vous m'aviez donnée et sur laquelle vous aviez gravé les cinq lois de l'or. Alors, j'ai lu très attentivement vos mots de sagesse et j'ai compris que si j'avais cherché la sagesse avant tout, je n'aurais pas perdu tout mon or. J'ai appris chaque loi par cœur et j'ai décidé que lorsque la déesse de la Chance me sourirait de nouveau, je me laisserais cette fois guider par la sagesse de l'âge et non par une jeunesse inexpérimentée.

«'Pour le bénéfice de ceux qui sont assis ici, je vais lire les mots de sagesse que mon père a fait graver sur la tablette d'argile qu'il m'a confiée il y a dix ans.

## LES CINQ LOIS DE L'OR

'I. L'or vient volontiers, en quantités toujours plus importantes, à l'homme qui met de côté pas moins du dixième de ses gains pour créer un capital en prévision de son avenir et de celui de sa famille.

'II. L'or travaille diligemment et de façon rentable pour le sage possesseur qui lui trouve un placement profitable, se multipliant même comme les troupeaux dans les champs.

'III. L'or reste sous la protection de son possesseur prudent qui l'investit d'après les conseils des hommes sages.

'IV. L'or échappe à l'homme qui investit sans but dans des entreprises qui ne lui sont pas connues ou qui ne sont pas approuvées par ceux qui s'y connaissent dans la façon d'utiliser l'or.

'V. L'or fuit l'homme qui le forcerait dans d'impossibles gains, qui suivrait le conseil séduisant des fraudeurs et des escrocs ou qui se fierait à sa propre inexpérience et à ses désirs romantiques d'investissement.

'Voilà les cinq lois de l'or telles qu'elles ont été écrites par mon père. Je les déclare de bien plus grande valeur que l'or lui-même, comme l'illustre la suite de mon histoire.'

«Il regarda encore son père. 'Je vous ai dit la grande pauvreté et le désespoir dans lesquels mon inexpérience m'avait plongé.

«'Cependant, point de chaîne de malheurs qui ne prenne fin un jour. La fin de mes mésaventures est venue lorsque je me suis trouvé un emploi, celui de chef d'une équipe d'esclaves qui travaillaient à construire le nouveau mur entourant la ville.

«'Connaissant la première loi de l'or, j'en ai profité avantageusement; j'ai conservé une pièce de cuivre de mes premiers gains, lui ajoutant une autre toutes les fois que c'était possible jusqu'à réunir une pièce d'argent. C'était un processus lent, car je devais subvenir à mes besoins. J'admets que je dépensais à contrecœur parce que j'étais déterminé à gagner autant d'or que vous m'en aviez donné, mon père, et cela avant que les dix ans ne soient écoulés.

«'Un jour, le maître des esclaves, avec qui j'étais devenu assez ami, m'a dit; "Vous êtes un jeune bien économe qui ne dépense pas à tort et à travers tout ce qu'il gagne. Avez-vous quelque or qui dort sans vous rapporter ?"

«"Oui, ai-je répondu. Il est mon plus grand désir d'amasser de l'or afin de remplacer celui que mon père m'avait donné et que j'ai perdu!"

«"C'est une ambition noble, je vous l'accorde, mais saviez-vous que l'or que vous avez économisé peut travailler pour vous et vous rapporter encore beaucoup plus d'or?"

«' "Hélas! mon expérience a été pénible car tout l'or de mon père s'est envolé et je craint que le mien n'en fasse autant."

«' "Si vous avez confiance en moi, je vais vous donner une leçon profitable sur la manière d'user de l'or, répliqua-t-il. D'ici un an, le mur entourant la ville sera terminé et prêt à recevoir les grandes portes centrales de bronze destinées à protéger la ville contre les ennemis du roi.

Dans tout Ninive, il n'y a pas assez de métal pour fabriquer ces portes et le roi n'a pas pensé à s'en procurer. Voici mon projet : plusieurs d'entre nous vont mettre leur or en commun et envoyer une caravane aux mines lointaines de cuivre et d'étain pour rapporter à Ninive le métal nécessaire à la fabrication des portes. Quand le roi dira: "Faites les portes!", nous serons les seuls à pouvoir fournir le métal et il nous le paiera un bon prix. Si le roi ne nous l'achète pas, nous pourrons toujours le revendre à un prix raisonnable."

«'Dans cette offre, j'ai reconnu une occasion et me suis alors conformé à la troisième loi, j'ai investi mes économies sous la direction d'hommes sages. Je n'ai pas été déçu là également... Notre fonds commun a été un succès et mon montant d'or a beaucoup augmenté grâce à cette transaction.

«'En temps et lieu, j'ai été accepté en tant que membre du même groupe d'investisseurs pour d'autres projets. Ces hommes étaient sages dans la gestion rentable de l'or. Ils discutaient chaque plan présenté dans le détail avant de le mettre à exécution. Ils ne risquaient pas de perdre leur capital ou de le bloquer dans des investissements non rentables desquels leur or n'aurait pas pu être récupéré. Des choses insensées comme la course de chevaux et l'association dont j'avais fait partie à cause de mon inexpérience ne les auraient pas tentés. Ils en auraient immédiatement démontré les faiblesses. Grâce à mon association avec ces hommes, j'ai appris à investir mon or sûrement pour qu'il me rapporte avantageusement. Au fil des années, mon trésor augmentait de plus en plus vite. J'ai regagné tout ce que j'avais perdu et bien plus.

«'À travers mes malchances, mes essais et mes réussites, j'ai mis plusieurs fois à l'épreuve la sagesse des cinq lois de l'or, mon père, et elles se sont révélées justes à chaque occasion. À celui qui ignore les cinq lois de l'or, l'or ne vient pas souvent et se dépense vite. Mais à celui qui se soumet aux cinq lois, l'or vient et travaille comme un esclave fidèle.'

«Nomasir s'arrêta de parler et fit signe à un esclave se trouvant à l'arrière de la salle. L'esclave apporta, un à la fois, trois lourds sacs de cuir. Nomasir prit un de ces sacs et le posa sur le plancher devant son père en s'adressant à lui encore une fois: 'Vous m'aviez donné un sac d'or, de l'or de Babylone. Voici; pour le remplacer, je vous remets un sac d'or de Ninive de poids égal. Tout le monde conviendra que l'échange est honnête.

«'Vous m'aviez remis une tablette d'argile gravée de sagesse. Voici; en échange, je vous donne deux sacs d'or.' En disant cela, il prit les deux autres sacs des mains de l'esclave et comme l'autre, il les posa devant son père.

«'Ceci est pour vous prouver, père, que la valeur de votre sagesse m'est beaucoup plus chère que celle de votre or. Mais qui peut mesurer en sacs d'or la valeur de la sagesse? Sans sagesse, l'or est vite perdu par ceux qui le possèdent, mais grâce à la sagesse, l'or peut être acquis par ceux qui n'en ont pas, comme ces trois sacs en témoignent.

«'C'est certainement, père, une grande satisfaction pour moi d'être devant vous et de vous dire que grâce à votre sagesse, j'ai réussi à devenir riche et respecté parmi les hommes.'

«Le père posa, avec beaucoup d'affection, sa main sur la tête de Nomasir. Tu as bien appris tes leçons et je suis assurément bien fortuné d'avoir un fils à qui confier ma richesse.'»

Ayant terminé, Kalabab se tut, observant son auditoire d'un air critique. «Que pensez-vous de l'histoire de Nomasir?» questionna-t-il.

«Qui parmi vous peut aller à son père ou à son beau-père et lui rendre compte de la bonne gestion de ses revenus?

«Que penseraient ces vénérables hommes si vous leur disiez: 'J'ai beaucoup voyagé et beaucoup appris, j'ai beaucoup travaillé et beaucoup gagné d'or, mais, hélas, il ne m'en reste que bien peu. J'en ai dépensé une partie sagement, une autre partie follement et j'en ai aussi perdu par imprudence.'

«Pensez-vous toujours que c'est par une sorte de chance que certains hommes possèdent beaucoup d'or et que d'autres n'en possèdent pas? Si non vous vous trompez.

«Les hommes ont beaucoup d'or quand ils connaissent les cinq lois de l'or et qu'ils les appliquent.

«Pour avoir appris les cinq lois dans ma jeunesse et les avoir observées, je suis devenu un marchand riche. Ce n'est pas par une étrange magie que j'ai fait fortune.

«La richesse vite acquise s'envole aussi rapidement.

«La richesse qui demeure pour apporter de la joie et de la satisfaction à son possesseur vient graduellement parce que c'est un enfant né de la connaissance et de la détermination.

«Acquérir des biens n'est qu'un bien petit fardeau pour l'homme réfléchi. Porter le fardeau intelligemment d'année en année permet d'arriver au but final.

«À ceux qui respectent les cinq lois de l'or, une riche récompense est offerte.

«Chacune de ces cinq lois est riche de signification et si vous en avez négligé le sens tout au long de mon récit, je vais maintenant vous les répéter. Je les connais toutes par cœur parce que dans ma jeunesse, j'ai pu vérifier leur valeur et je n'aurais pas été satisfait tant que je ne les aurais pas mémorisées.»

### *La première loi de l'Or*

«L'or arrive volontiers, en quantités toujours plus importantes, à l'homme qui met de côté pas moins du dixième de ses gains pour créer un bien en prévision de son avenir et de celui de sa famille.

«L'homme qui économise le dixième de ses gains régulièrement et l'investit sagement réalise sûrement un investissement de valeur qui lui procurera un revenu pour l'avenir et une plus grande sécurité pour sa famille advenant le cas où les dieux le rappelleraient dans le monde des ténèbres. Cette loi énonce que l'or vient toujours librement à un tel homme. Je peux certifier cela en me basant sur ma propre vie. Plus j'accumule d'or, plus l'or vient à moi rapidement et en quantités grandissantes.

L'or que j'économise rapporte plus, comme le fera le vôtre, et ces gains rapportent d'autres gains; voilà comment fonctionne la première loi.»

### La deuxième loi de l'Or

«L'or travaille diligemment et de façon rentable pour le sage possesseur qui lui trouve un placement profitable, se multipliant même comme les troupeaux dans les champs.

«L'or est assurément un travailleur de bonne volonté. Il est toujours impatient de se multiplier quand l'occasion se présente. À chaque homme qui a un trésor d'or disponible, une occasion vient, lui permettant d'en tirer profit. Au fil des années, il se multiplie de façon surprenante.»

### La troisième loi de l'Or

«L'or reste sous la protection du possesseur prudent, qui l'investit d'après les conseils des hommes sages.

«L'or se cramponne certainement au possesseur prudent même s'il fuit le possesseur insouciant. Celui qui recherche l'avis d'hommes sages dans la façon de transiger l'or apprend vite à ne pas risquer son trésor, mais à le préserver et à l'accroître avec plaisir.»

### La quatrième loi de l'Or

«L'or échappe à l'homme qui l'investit sans but dans des entreprises avec lesquelles il n'est pas familier ou qui ne sont pas approuvées par ceux qui savent la façon d'utiliser l'or.

«Pour l'homme qui a de l'or mais qui n'est pas expérimenté dans la façon de transiger, plusieurs investissements semblent profitables. Trop souvent, ces investissements présentent un danger, et les hommes sages qui les étudient font vite la preuve qu'ils sont très peu rentables. Donc, le possesseur d'or inexpérimenté qui écoute son propre jugement et qui investit dans une entreprise qui ne lui est pas familière, découvre souvent que son jugement est imparfait et paie son inexpérience de son trésor. Sage est celui qui investit ses trésors d'après l'avis d'hommes expérimentés dans la façon de gérer l'or.»

### *La cinquième loi de l'Or*

«L'or fuit l'homme qui le forcerait à rapporter d'impossibles gains ou qui suivrait le conseil séduisant des escrocs et des trompeurs ou qui se fierait à sa propre inexpérience et à ses désirs romantiques d'investissement.

«Des propositions farfelues qui excitent comme des aventures parviennent toujours au nouveau possesseur d'or. Elles donnent l'impression de donner à son trésor des puissances magiques qui le rendent capable de faire des gains impossibles. Mais, en vérité, méfiez-vous; les hommes sages connaissent bien les pièges qui se cachent derrière chaque projet qui prétend enrichir subitement.

«Souvenez-vous des hommes riches de Ninive qui ne prenaient pas l'occasion de perdre leur capital ou de le bloquer dans des investissements non profitables.

«Ceci termine mon énoncé des cinq lois de l'or. En vous le racontant, je vous ai révélé les secrets de mon propre succès.

«Cependant, ce ne sont pas des secrets, mais des vérités que chacun doit d'abord apprendre et ensuite suivre s'il veut sortir de la foule qui, comme les chiens sauvages, s'inquiète chaque jour de son pain quotidien.

«Demain, nous entrons dans Babylone. Regardez! Voyez le feu éternel qui brûle au-dessus du Temple de Bêl! Nous voyons déjà la cité dorée. Demain, chacun de vous possédera de l'or, l'or que vous avez si bien gagné par vos bons services.

«Dans dix ans à compter de ce soir, que direz-vous de cet or?

«Certains parmi vous qui, comme Nomasir, utiliseront une

partie de leur or pour commencer à accumuler des biens et par conséquent, guidés par la sagesse d'Arkad, d'ici dix ans, c'est une gageure sûre, comme le fils d'Arkad, ils deviendront riches et respectés parmi les hommes.

«Nos actions sages nous accompagnent tout au long de notre vie pour nous servir et nous aider. Tout aussi sûrement, nos actions imprudentes nous suivent pour nous harceler et nous tourmenter. Hélas, impossible de les oublier. Au premier rang des tourments qui nous suivent sont les souvenirs de choses que nous aurions dû faire, des occasions qui nous sont venues et que nous avons laissé échapper.

«Les trésors de Babylone sont importants, au point que personne ne peut en calculer la valeur en pièces d'or. Chaque année, ils augmentent leur valeur. Comme les trésors de chaque pays, ils constituent une récompense, la riche récompense qui attend les hommes résolus, déterminés à se procurer leur juste part.

«La force de vos propres désirs contient une puissance magique. Guidez cette puissance par votre connaissance des cinq lois de l'or et vous recevrez votre part des trésors de Babylone.»

## LE PRÊTEUR D'OR DE BABYLONE

Cinquante pièces d'or! Le fabricant de lances de la vieille Babylone n'a jamais possédé autant d'or dans sa bourse en cuir. Il revenait joyeusement à grandes enjambées sur la route du roi, depuis le palais royal. L'or tintait allègrement dans la bourse suspendue à sa ceinture, ballottant à chaque pas — la musique la plus douce qu'il n'a jamais entendue.

Cinquante pièces d'or! Toutes à lui! Il pouvait difficilement croire en sa bonne fortune. Quelle puissance dans ces jetons sonnants! Ils pourraient lui procurer tout ce qu'il voudrait: une grande maison, un champ, un troupeau, des chameaux, des chevaux, des chars, tout ce qu'il pouvait désirer.

Que devait-il en faire? Ce soir-là, entrant dans une rue transversale, se hâtant vers la maison de sa sœur, il ne pouvait s'empêcher de penser à ces pièces lourdes et brillantes, bien à lui.

Quelques jours plus tard, au coucher du soleil, un Rodan perplexe entra dans la boutique de Mathon, prêteur d'or et marchand de bijoux et de tissus rares. Sans un regard ni à droite ni à gauche pour les articles attrayants disposés avec ingéniosité, il traversa la boutique et se dirigea vers les pièces habitées situées à l'arrière.

Il trouva l'homme qu'il cherchait, Mathon, étendu sur un tapis et savourant un repas servi par un esclave noir.

«J'aimerais vous demander conseil parce que je ne sais pas quoi faire.» Rodan se tenait lourdement, les pieds écartés; sa veste en cuir entrouverte exposait sa poitrine velue.

La figure étroite et blême de Mathon sourit en le saluant

amicalement. «Quelles bêtises as-tu commises pour venir solliciter les faveurs du prêteur d'or? As-tu perdu au jeu? Ou y a-t-il une dame qui t'a adroitement dépouillé? Depuis le temps que je te connais, tu n'as jamais recherché mon aide pour résoudre tes problèmes.»

«Non, non, rien de cela. Je n'ai nul besoin d'or. Je cherche plutôt ton sage conseil.»

«Écoutez! Écoutez les paroles de cet homme. Personne ne vient voir le prêteur d'or pour un conseil. Mes oreilles me jouent des tours.»

«Elles fonctionnent très bien.»

«Est-ce possible? Rodan, le fabricant de lances, se montre plus rusé que tous les hommes, car il vient voir Mathon, non pas pour emprunter de l'or, mais pour demander conseil. Nombreux sont ceux qui viennent m'emprunter de l'or pour payer leurs folies, et jamais pour écouter mes conseils. Pourtant, qui est plus capable de conseiller que le prêteur d'or vers qui beaucoup d'hommes viennent quand ils ont des problèmes?

«Tu mangeras avec moi, Rodan, continua-t-il. Tu seras mon invité pour la soirée. Ando! commanda-t-il à son esclave noir, pose un tapis pour mon ami Rodan, le fabricant de lances, qui s'est déplacé pour obtenir mon conseil. Il sera mon invité d'honneur. Apporte-lui beaucoup de nourriture et le meilleur vin pour qu'il ait plaisir à boire.

«Maintenant, raconte-moi ce qui te tracasse.»

«Je suis embarrassé par le cadeau du roi.»

«Le cadeau du roi? Le roi t'a récompensé d'un cadeau qui te tracasse ? Quelle sorte de cadeau?»

«Mon dessin que pour les nouveaux fers de lances de la garde royale lui a tellement plût qu'il me l'a payé cinquante pièces d'or, et maintenant, je suis bien embêté.

«Je suis sollicité, à toute heure du jour, par ceux qui voudraient les partager avec moi.»

«C'est normal, beaucoup d'hommes veulent plus d'or qu'ils n'en possèdent et ils voudraient que ceux qui en obtiennent facilement le partagent avec lui. Mais ne peux-tu pas dire non? N'es-tu pas assez fort pour te défendre?»

« À plusieurs, je peux dire non, mais parfois il serait plus facile de dire oui. Peut-on refuser de partager avec sa sœur qui vous est bien proche?»

«Ta sœur ne voudrait certainement pas t'enlever la joie de ta récompense.»

«Mais elle agit par amour pour son mari Araman, qu'elle désire voir devenir un riche marchand.

Elle croit qu'il n'a jamais eu de chance et elle me demande de lui prêter cet or pour qu'il puisse devenir un marchand prospère et ensuite me rembourser avec ses profits.»

«Mon ami, reprit Mathon, c'est un sujet de grande valeur que tu veux discuter. L'or apporte à son possesseur une certaine responsabilité et change son statut face à ses compagnons. Il suscite la peur de le perdre ou d'être trompé frauduleusement. Il amène un sentiment de puissance et la capacité à faire le bien. Aussi, il fournit des occasions par lesquelles de très bonnes intentions sont susceptibles de provoquer des difficultés.

«Connais-tu l'histoire du fermier de Ninive qui pouvait comprendre le langage des animaux? Ce n'est pas le genre de fable que les hommes aiment à raconter chez le maréchal-ferrant. Je vais te la narrer pour que tu saches que, dans le fait d'emprunter et de prêter, il y a plus que le seul passage d'or d'une main à une autre.

«Ce fermier, qui pouvait comprendre le langage des animaux, s'attardait dans la cour de la ferme chaque soir uniquement pour écouter ce qu'ils se disaient. Un soir, il entendit le bœuf qui se plaignait à l'âne de la dureté de son sort: 'Je tire la charrue du matin au soir. Peu importe combien il fait chaud ou que mes pattes soient fatiguées, ou bien que l'attelage m'irrite le cou, je dois tout de même travailler. Mais toi, tu es une créature de loisirs. Tu es paré d'une couverture colorée et ne fais rien d'autre que de mener notre maître là où il désire aller. Quand il ne va nulle part, tu te reposes et tu broutes l'herbe verte toute la journée.'

«L'âne, en dépit de ses sabots agressifs, était d'un bon naturel et sympathisait avec le bœuf. 'Mon bon ami, répondit-il, tu travailles très dur et je voudrais alléger ton sort.

Donc, je vais te raconter comment tu peux gagner une journée de repos. Le matin, quand l'esclave vient te chercher pour labourer, couche-toi sur le sol et beugle sans arrêt pour qu'il rapporte que tu es malade et que tu ne peux pas travailler.

«Alors, le bœuf écouta le conseil de l'âne et le matin suivant, l'esclave alla vers le fermier et il lui dit que le bœuf était malade et qu'il ne pourrait pas tirer la charrue.

«'En ce cas-là, dit le fermier, attelle l'âne pour le remplacer parce que le labourage doit être fait.'

«Toute la journée, l'âne, qui avait seulement voulu aider son ami, fut contraint de faire le travail du bœuf. Quand arriva le soir et qu'il fut détaché de la charrue, son cœur était amer, ses pattes étaient fatiguées et son cou lui faisait mal parce que l'attelage l'avait irrité.

«Le fermier resta près de la grange pour écouter.

«Le bœuf commença le premier. Tu es un bon ami. Grâce à ton sage conseil, j'ai joui d'une journée de repos.'

«'Et moi, rétorqua l'âne, je suis comme plusieurs autres cœurs tendres qui commencent par aider un ami et finissent par accomplir le travail à sa place. Dorénavant, tu tireras ta propre charrue, parce que j'ai entendu le maître dire à l'esclave d'aller quérir le boucher si tu étais encore malade. J'espère qu'il le fera, car tu es un compagnon paresseux. Ils ne se parlèrent plus jamais. Là s'était arrêtée leur amitié. Rodan, peux-tu dire quelle est la morale de cette fable?»

«C'est une bonne fable, répondit Rodan, mais je n'y trouve aucune morale.»

«Je ne pensais pas que tu la découvrirais. Cependant, elle existe et elle est très simple. La voici: si tu désires aider ton ami, fais-le de façon à ce que les tâches de celui-ci ne te reviennent pas.»

«Je n'avais pas songé à cela. C'est une morale sage. Je ne désire pas prendre les tâches du mari de ma sœur. Mais, dis-moi, tu prêtes à plusieurs: les emprunteurs ne remboursent-ils pas?»

Mathon sourit du sourire suscité par l'expérience. «Un prêt serait-il bien fait si l'emprunteur ne pouvait pas rembourser? Le prêteur ne doit-il pas être sage et juger soigneusement si son or peut remplir un but utile pour l'emprunteur et lui revenir une fois de plus, ou si cet or sera perdu par quelqu'un incapable de l'utiliser sagement et laisser l'emprunteur accablé d'une dette qu'il ne pourrait pas rembourser? Viens voir les pièces dans mon coffre, elles vont te raconter quelques-unes de leurs histoires.»

Il apporta dans la chambre un coffre aussi long que son bras, recouvert de peau de porc rouge et orné de figurines en bronze. Il le posa à même le sol et s'accroupit devant, les deux mains posées sur le couvercle.

«De chaque personne à qui je prête, j'exige un gage que je place dans mon coffre jusqu'à ce que le prêt soit remboursé.

S'ils me remboursent, je leur rends le gage, mais s'ils ne remboursent jamais, je le garde pour me rappeler celui qui m'a trahi.

«Les emprunteurs les plus sûrs, me dit mon coffre à gages, sont ceux dont les biens ont plus de valeur que la somme qu'ils désirent m'emprunter. Ils possèdent des terres ou des bijoux ou des chameaux ou d'autres choses qui peuvent être vendues en remboursement du prêt. Parfois, les gages qui me sont remis sont des bijoux de plus grande valeur que le prêt. D'autres sont des promesses que si l'emprunt n'est pas payé, ils acceptent de me livrer une certaine partie de leur propriété en paiement. Avec des prêts comme ceux-là, je suis assuré que mon or me sera rendu avec l'intérêt, car le prêt est basé sur la propriété.

«Il y a une autre catégorie d'emprunteurs: ce sont ceux qui ont la capacité de gagner. Ils sont comme toi, ils travaillent ou ils servent et reçoivent un salaire en contrepartie. Ils ont un revenu et s'ils sont honnêtes et n'ont pas de malchance, je sais qu'eux aussi peuvent rembourser l'or que je leur prête et l'intérêt que je leur réclame. De tels prêts sont basés sur l'effort humain.

«Les autres sont ceux qui n'ont ni bien ni revenu assuré. La vie est dure et il y en aura toujours qui ne réussiront pas à s'y ajuster. Hélas, les prêts que je leur fais, même s'ils ne sont pas plus importants qu'un sou, mon coffre pourrait me les reprocher plus tard, à moins qu'ils ne soient garantis par de bons amis de l'emprunteur qui le savent honnête.»

Mathon relâcha le fermoir et ouvrit le couvercle. Rodan, curieux, s'approcha.

Sur le dessus du coffre, un collier de bronze était déposé sur un tissu écarlate. Mathon prit le bijou et le caressa avec affection. «Ce gage restera à jamais dans mon coffre parce que son propriétaire est mort. Je le conserve soigneusement, car je tiens beaucoup à sa mémoire, il était mon bon ami. Nous avons réalisé des affaires ensemble avec beaucoup de succès jusqu'à ce qu'il ramène de l'Est une très belle femme à marier, mais ne ressemblant pas à nos femmes. Une créature éblouissante. Il a dépensé son or sans compter pour combler tous ses désirs. Il est venu à moi en détresse alors qu'il n'avait plus d'or. Je l'ai conseillé. Je lui ai promis que je l'aiderais une fois de plus à gérer ses propres affaires. Il a juré par le signe du Grand Taureau qu'il reprendrait ses affaires en main. Mais ceci ne s'est pas réalisé. Au cours d'une querelle, cette femme lui a enfoncé un couteau dans le cœur, comme il l'avait défiée de le faire.»

«Et elle…?» demanda Rodan.

«Oui, ce collier était le sien.» Mathon prit le très beau tissu écarlate. »Prise d'amers remords, elle se jeta dans l'Euphrate. Ces deux prêts ne seront jamais remboursés. Le coffre t'apprends, Rodan, que les emprunteurs en proie à de fortes émotions constituent de grands risques pour le prêteur d'or.

«Voici maintenant un autre récit.» Il chercha une bague sculptée dans un os de bœuf. «Ce bijou appartient à un fermier. J'achète les tapis tissés par ses femmes. Les sauterelles ont ravagé ses récoltes et ses gens n'avaient rien à manger. Je l'ai aidé et à la nouvelle récolte, il m'a remboursé mon argent. Plus tard, il est revenu et m'a parlé d'étranges chèvres, en terres lointaines, que lui avait décrites un voyageur.

Leur poil était si doux et si fin que ses femmes pourraient tisser les plus beaux tapis qu'on n'avait encore jamais vus à Babylone II voulait posséder un tel troupeau, mais il manquait d'argent. Alors, je lui ai prêté l'or nécessaire au voyage et à l'achat des chèvres. Il possède maintenant son troupeau et l'année prochaine, je surprendrai les seigneurs de Babylone avec les tapis les plus chers qu'ils n'ont jamais achetés. Bientôt, je lui remettrai sa bague. Il insiste pour me rembourser rapidement.»

«Certains emprunteurs font cela?» questionna Rodan. «S'ils empruntent pour obtenir des profits, je le devine et leur accorde le prêt. Mais s'ils empruntent pour payer leurs sottises, je t'avertis d'être prudent si tu veux récupérer ton or.

«Raconte-moi l'histoire de ce bijou», demanda Rodan, prenant dans ses mains un lourd bracelet d'or incrusté de merveilleux joyaux.

«Les femmes t'intéressent, mon cher ami», plaisanta Mathon.

«Je suis bien plus jeune que toi», rétorqua Rodan.

«Je le reconnais, mais cette fois, tu imagines une romance là où il n'y en a pas. La propriétaire est grosse et ridée et parle tant pour dire si peu qu'elle me fâche. Autrefois, elle était très riche, et son fils et elle étaient de bons clients, mais le temps leur apporta de la malchance. Elle aurait aimé que son fils devienne un marchand.

Un jour, elle vint à moi et m'emprunta de l'or pour que son fils s'associe à un propriétaire de caravane qui voyageait avec ses chameaux et troquait dans une ville ce qu'il achetait dans une autre.

«Cet homme s'est révélé être un coquin, parce qu'il a laissé le pauvre garçon dans une ville éloignée, sans argent et sans ami, ayant fui alors que le jeune homme dormait. Peut-être que, quand ce jeune sera adulte, il me remboursera; d'ici là, je ne reçois pas d'intérêt pour le prêt — seulement beaucoup de paroles. Mais j'admets que les bijoux valent le prêt.»

«Cette dame t'a-t-elle demandé conseil quant à la sagesse de ce prêt?»

«Au contraire. Elle s'est imaginé que son fils était un homme puissant et riche de Babylone. Lui suggérer le contraire l'aurait rendue furieuse. J'ai uniquement eu droit à une réprimande. J'appréhendais le risque pour son fils inexpérimenté, mais comme elle offrait la sécurité, je ne pouvais pas lui refuser le prêt.

«Ceci, continua Mathon, agitant un bout de corde noué, appartient à Nebatur, le commerçant de chameaux. Lorsqu'il achète un troupeau dont le prix est plus élevé que ses fonds, il m'apporte ce nœud et je lui prête selon son manque. Il s'agit d'un sage commerçant. J'ai confiance en son jugement et je lui prête librement. Beaucoup d'autres marchands de Babylone ont ma confiance parce que leur conduite est honorable. Leurs gages entrent et sortent fréquemment dans mon coffre. Les bons marchands constituent un actif pour notre ville et j'y gagne à les aider à garder leur commerce vivant pour que Babylone soit prospère.»

Mathon prit un scarabée sculpté dans une turquoise et le jeta avec dédain sur le plancher. «Un insecte d'Égypte. Le garçon qui possède cette pierre se soucie peu que je ne recouvre jamais mon or. Quand je le lui reproche, il me répond: 'Comment puis-je te rembourser quand le mauvais sort m'accable ? Tu en as beaucoup d'autres!' Qu'est-ce que je peux faire? Le gage appartient à son père, un homme valeureux, mais qui n'est pas riche et qui a engagé sa terre et son troupeau pour aider son fils dans ses entreprises.

«Au début, ce jeune homme connût le succès et il devint alors beaucoup trop anxieux d'acquérir une grande richesse. À cause de son inexpérience, ses entreprises se sont écroulées.

«Les jeunes sont ambitieux. Ils voudraient prendre des raccourcis vers la richesse et les choses désirables qu'elle procure. Pour obtenir une fortune rapide, ils empruntent imprudemment. Faute d'expérience, ils ne peuvent pas comprendre qu'une dette non remboursée est comme un trou profond dans lequel on peut tomber rapidement et où on peut se débattre en vain pendant longtemps. C'est un trou de peines et de regrets où la lumière du soleil est assombrie et la nuit perturbe un sommeil agité. Mais je ne déconseille pas l'emprunt d'or. Je l'encourage. Je le recommande dans le cas où il est demandé pour un but sage. J'ai moi-même connu mon premier grand succès comme marchand avec de l'or emprunté.

«Mais que peut faire le prêteur dans un tel cas? Le jeune perd espoir et ne réalise rien. Il est découragé. Il ne fait aucun effort pour rembourser. Je ne désire pas déposséder le père de sa terre et de son bétail.»

«Tu me dis bien des choses qui m'intéressent, dit Rodan, mais je n'ai pas entendu la réponse à ma question. Est-ce que je devrais prêter mes cinquante pièces d'or au mari de ma sœur? Elles me sont si chères.»

«Ta sœur est une femme valeureuse pour qui j'ai beaucoup d'estime. Si son mari venait me voir pour me demander de lui prêter cinquante pièces d'or, je lui demanderais pour quel usage.

«S'il répondait pour devenir marchand comme moi et posséder une boutique de bijoux et d'ameublement, je lui dirais: 'Quelle connaissance as-tu de ce métier? Sais-tu où tu peux acheter au meilleur prix? Sais-tu où tu pourrais vendre à bon prix?' Pourrait-il répondre oui à toutes ces questions?»

«Non, il ne le pourrait pas, admit Rodan. Il m'a beaucoup aidé à fabriquer des lances tout comme il en a aidé d'autres dans les boutiques »

«Alors, je lui dirais que son projet n'est pas sage. Les marchands doivent apprendre leur métier. Son ambition, bien que louable, n'est pas logique, et je ne lui prêterais pas d'or.

«Mais supposons qu'il dise: 'Oui, j'ai beaucoup aidé les marchands. Je sais comment me rendre à Smyrne pour y acheter à bas prix des tapis que les ménagères tissent. Je connais aussi les gens riches de Babylone à qui je peux les vendre avec un gros profit.' Alors, je dirais: Ton projet est sage et ton ambition honorable. Je serai content de te prêter les cinquante pièces d'or si tu peux me garantir qu'elles me seront rendues.' Mais s'il disait: 'Je n'ai rien de sûr sinon que je suis un homme honorable et que je vous rembourserai bien le prêt.'

Alors, je répondrais que chaque pièce d'or m'est très chère. Si les voleurs te les prenaient en route vers Smyrne ou t'arrachaient tes tapis sur le chemin du retour, tu n'aurais plus rien pour me rembourser et mon or serait perdu.

«L'or, tu vois, Rodan, est la marchandise du prêteur. Il est facile de prêter. Si on le prête inconsidérément, il est difficile à récupérer. Le prêteur sage recule devant le risque d'une promesse et préfère la garantie d'un remboursement sûr.

«C'est bien, continua-t-il, d'aider ceux qui sont dans le besoin, c'est bien d'aider ceux dont le sort accable. C'est bien d'aider ceux qui débutent pour qu'ils puissent progresser et devenir des citoyens valeureux. Mais l'aide doit être accordée avec intelligence à moins que, comme l'âne du fermier dans son désir d'aider, nous prenions sur nous-mêmes le fardeau qui appartient à un autre.

«Je me suis encore éloigné de ta question, Rodan, mais écoute ma réponse: garde tes cinquante pièces d'or. Elles sont la juste récompense de ton travail et personne ne peut t'obliger à les partager, à moins que tu ne le désires. Si tu voulais les prêter pour qu'elles te rapportent un intérêt, alors prête-le avec précaution et à plusieurs endroits. Je n'aime pas l'or qui dort, mais j'aime encore moins un trop grand risque.

«Combien d'années as-tu exercé comme fabricant de lances?

«Trois pleines années.»

«Combien, sans considérer le cadeau du roi, as-tu économisé?»

«Trois pièces d'or.»

«Chaque année que tu as travaillé, tu as renoncé à de bonnes choses pour économiser une pièce d'or de tes gains?»

«C'est cela.»

«Cela signifie qu'en cinquante ans, tu pourrais, peut-être, économiser cinquante pièces d'or?»

«Ce serait le résultat de toute une vie.»

«Penses-tu que ta sœur accepterait de risquer tes économies de cinquante ans de travail pour que son mari puisse faire ses premiers pas en tant que marchand?»

«Non, vu ainsi, non.»

«Alors, va la voir et dis-lui: 'J'ai travaillé pendant trois ans, jour après jour, excepté les jours de jeûne, du matin au soir, et j'ai renoncé à bien des choses que je désirais ardemment. Pour chaque année de travail et d'abnégation, je peux montrer une pièce d'or. Tu es ma sœur préférée et je désire que ton mari s'engage dans un commerce qui lui rapportera beaucoup. S'il me soumet un plan qui semble sage et réalisable à mon ami Mathon, alors je lui prêterai avec plaisir les économies de toute une année pour qu'il puisse prouver qu'il peut réussir.'

«Fais comme je te dis et s'il a en lui l'âme pour réussir, il peut le prouver. S'il échoue, il ne te devra pas plus qu'il peut espérer rembourser un jour.

«Je suis prêteur d'or parce que je possède plus d'or que je n'en ai besoin pour mon propre commerce. Je désire que mon excédent d'or travaille pour les autres et ainsi rapporte encore plus d'or. Je ne veux pas prendre le risque de perdre mon or, car j'ai beaucoup travaillé et je me suis beaucoup privé pour l'acquérir. Je ne le prêterai donc pas à celui en qui je n'ai pas confiance et qui ne m'assurera pas que l'or me sera rendu. Je ne le prêterai pas non plus si je ne suis pas convaincu que les intérêts de ce prêt ne me seront pas promptement versés.

«Je t'ai raconté, Rodan, quelques secrets de mon coffre à gages. Ces secrets t'ont appris la faiblesse des hommes et leur anxiété à vouloir emprunter, sans avoir toujours les moyens sûrs de rembourser. À partir de cela, tu peux constater que souvent, le grand espoir de ces hommes serait d'acquérir des gains importants, si seulement ils avaient de l'or, et que ce sont simplement de faux espoirs puisqu'ils manquent de l'habileté et de l'expérience nécessaires à leur réalisation.

«Toi, Rodan, maintenant, tu as de l'or qui peut te rapporter plus d'or. Tu es tout proche de devenir comme moi un prêteur d'or. Si tu conserves ton trésor, il te rapportera des intérêts généreux; ce sera une source abondante de plaisirs et il te sera profitable jusqu'à la fin de tes jours. Mais, si tu le laisses s'échapper, il sera une source constante de peines et de regrets aussi longtemps que tu pourras t'en souvenir.

«Qu'est-ce que tu désires le plus pour l'or de ta bourse?»

«Le conserver en sécurité.»

«Tu as parlé sagement, répondit Mathon en approuvant. Ton premier désir est la sécurité. Tu penses que sous la main du mari de ta sœur, il serait vraiment en sûreté, sans risque de le perdre ?»

«J'ai peur que non, parce qu'il n'est pas prudent dans la façon de garder l'or.»

«Alors, ne te laisse pas influencer par de bêtes sentiments d'obligation envers qui que ce soit pour confier ton trésor. Si tu veux aider ta famille ou tes amis, trouve d'autres moyens que celui de risquer la perte de ton trésor. N'oublie pas que l'or échappe de façon inattendue à ceux qui ne savent pas le garder. Aussi bien perdre ton trésor par extravagance que de laisser les autres le perdre pour toi.

«Après la sécurité, que recherches-tu pour ton trésor?»

«Qu'il rapporte davantage d'or!»

«Encore une fois tu parles avec sagesse. Ton or doit procurer des gains et grossir. De l'or sagement prêté peut aller jusqu'à doubler avant qu'un homme comme toi ne devienne âgé. Si tu risques de perdre ton trésor, tu risques aussi de perdre tout ce qu'il peut rapporter.

«Donc, ne sois pas influencé par les plans fantastiques d'hommes imprudents qui croient connaître la manière de forcer ton or à produire des gains extravagants. De tels plans ne sont que l'œuvre de rêveurs inexpérimentés, ignares des lois sûres et fiables du commerce. Sois conservateur quant aux gains que doit te rapporter l'or, à ce que tu peux gagner, et profite de ton trésor.

Investir son or en échange d'une promesse de gains usuriers, c'est courir à sa perte.

«Cherche à t'associer à des hommes et des entreprises dont le succès est établi pour que ton trésor puisse s'enrichir beaucoup grâce à leur habileté, et demeure en sécurité grâce à leur sagesse et leur expérience.

«Ainsi, tu éviteras les malchances qui s'abattent sur la plupart des fils des hommes à qui les dieux confient de l'or.»

Quand Rodan voulut le remercier pour son sage conseil, il n'écouta pas et continua : «Le cadeau du roi t'enseignera beaucoup de sagesse. Si tu gardes les cinquante pièces d'or, tu devras certainement être discret. Plusieurs investissements vont te séduire. Plusieurs conseils te seront fournis. De nombreuses occasions de faire de gros profits s'offriront à toi. Les leçons à tirer de mon coffre à gages devraient te convaincre, avant que tu laisses une seule pièce d'or quitter ta bourse, de t'assurer de connaître une façon sûre de l'y remettre de nouveau. Si tu veux d'autres conseils, reviens me voir. Je te les donnerai avec plaisir.

«Avant de partir, lis ce que j'ai gravé sous le couvercle de mon coffre à gages. Cela s'adresse aussi bien à l'emprunteur qu'au prêteur.»

**UN PEU DE PRUDENCE VAUT MIEUX QU'UN GRAND REGRET.**

## LES MURS DE BABYLONE

Le vieux Banzar, guerrier farouche d'autrefois, montait la garde sur la passerelle menant au sommet des anciens murs de Babylone. Au loin, de vaillants soldats défendaient l'accès aux murs. L'existence de la grande ville et de ses centaines de milliers d'habitants dépendait d'eux.

Par-delà les murs, parvenaient le grondement des armées qui s'affrontaient, le hurlement des hommes, le piétinement de milliers de chevaux, le bourdonnement assourdissant des béliers heurtant les portes de bronze.

Des lanciers se tenaient sur le qui-vive, prêts à protéger l'entrée au cas où les portes céderaient. Ils n'étaient pas nombreux. Les principales armées accompagnaient le roi, au loin, vers l'Est, dans une grande expédition contre les Élamites. On n'avait pas prévu d'être attaqué durant cette absence de l'armée et les forces de défense étaient peu nombreuses. Les grandes armées assyriennes s'avancèrent du côté nord, sans que personne ne s'y attendait. Les murs devaient tenir le coup, sinon Babylone était condamnée.

Autour de Banzar, se rassemblaient des foules de citoyens au visage effrayé, anxieux de connaître l'évolution des combats.

Ils observaient, terrifiés, la lignée de soldats blessés ou tués que l'on transportait ou qui descendaient de la passerelle.

Le moment crucial de l'assaut approchait. Après avoir encerclé la ville durant trois jours, l'ennemi avait concentré toutes ses forces contre cette partie du mur et cette porte.

Les défenseurs, regroupés sur la partie supérieure du mur, s'opposaient aux adversaires qui tentaient d'escalader le mur à l'aide de plates-formes ou d'échelles, en leur lançant des flèches, leur versant de l'huile bouillante ou projetant des lances à ceux qui parvenaient jusqu'en haut. L'ennemi répliquait en alignant des archers qui lançaient un barrage de flèches sur les Babyloniens.

Le vieux Banzar occupait un poste avantageux d'où il pouvait très bien observer tout ce qui se déroulait. Il se trouvait très proche du centre des combats et était le premier à connaître les attaques frénétiques de l'ennemi.

Un marchand âgé s'approcha de Banzar et l'implora, les mains jointes: «Dites-moi! Dites-moi!. Ils ne peuvent pas entrer, n'est-ce pas? Mes fils sont avec notre bon roi. Il n'y a personne pour protéger mon épouse âgée. Ils voleront tous mes biens. Ils s'empareront de mes victuailles. Nous sommes vieux; trop vieux pour nous défendre, trop âgés pour servir d'esclaves. Nous allons périr de faim. Nous mourrons. Assurez-moi qu'ils ne peuvent entrer dans la ville.»

«Calme-toi, bon marchand, répondit le garde. Les murs de Babylone sont solides. Retourne au bazar et dis à ta femme que les murs vous protégeront ainsi que tous vos biens aussi sûrement qu'ils protègent les riches trésors du roi. Reste près des murs de crainte que les flèches volant au-dessus ne te frappent.»

Une femme serrant un bébé dans ses bras prit la place du vieil homme qui se retirait. «Sergent, quelles sont les nouvelles du combat? Dites-moi la vérité afin que je puisse rassurer mon pauvre mari. Il est couché avec une fièvre, conséquence de ses terribles blessures, mais il insiste pour me protéger avec son armure et sa lance, moi qui suis enceinte. Il dit que la vengeance des ennemis serait terrible s'ils devaient entrer.»

«Tu as bon cœur parce que tu es mère et tu enfanteras encore une fois; les murs de Babylone te protégeront et ta progéniture aussi. Ils sont hauts et solides. N'entends-tu pas les cris de nos vaillants défenseurs alors qu'ils jettent les chaudrons d'huile bouillante sur ceux qui escaladent les murs?»

«Oui, je les entends, tout comme j'entends le mugissement des béliers qui heurtent nos portes.»

«Retourne à ton mari. Dis-lui que les portes sont fortes et résisteront aux béliers. Dis-lui aussi que ceux qui escaladent les murs sont accueillis par une lance. Surveille ta route et dépêche-toi de dépasser les bâtiments, plus loin.»

Banzar se rangea pour libérer le passage aux renforts armés. Comme ils passaient tout près, le pas lourd et leurs boucliers de bronze résonnant, une petite fille tira la ceinture de Banzar.

«Dites-moi, s'il vous plaît, soldat, sommes-nous en sûreté? demanda-t-elle. J'entends des bruits terribles. Je vois des hommes en sang. J'ai si peur. Qu'arrivera-t-il à notre famille, ma mère, mon petit frère et le bébé?»

Le vieux militaire cligna des yeux et remonta le menton en prenant l'enfant.

«Ne craint rien, petite, lui dit-il. Les murs de Babylone vous protégeront, toi, ta mère, ton petit frère et le bébé. C'était pour assurer la sécurité de gens comme toi que la bonne reine Sémiramis a ordonné leur construction, il y a cent ans, et ils ont toujours résisté. Retourne et dit à ta mère, à ton petit frère et au bébé que les murs de Babylone veillent sur eux et qu'ils n'ont pas à s'inquiéter.»

Jour après jour, le vieux Banzar se tenait à son poste et observait les derniers arrivés monter sur la passerelle et combattre jusqu'à ce que, blessés ou morts, on les redescende encore une fois. Autour de lui, une foule de citoyens apeurés cherchaient anxieusement et sans arrêt à savoir si les murs tiendraient. À tous, il fournissait la même réponse avec la dignité d'un vieux soldat: «Les murs de Babylone vous protégeront.»

Pendant trois semaines et cinq jours, l'attaque continua avec une violence redoublée. Chaque jour, la mâchoire de Banzar devenait de plus en plus crispée, car le passage, derrière, mouillé du sang des nombreux blessés, était rapidement changé en boue par le flot incessant d'hommes qui montaient et descendaient en chancelant. Chaque jour, les attaquants massacrés s'empilaient devant le mur. Chaque nuit, ils étaient enlevés et enterrés par leurs camarades.

La cinquième nuit de la quatrième semaine, la clameur diminua. Les premières lueurs du jour illuminèrent la plaine, couverte de gros nuages de poussière levés par les armées battant en retraite.

Un immense cri s'éleva parmi les défenseurs. Il n'y avait pas d'erreur quant à sa signification. Il fut relayé par les troupes qui attendaient derrière les murs. Il fit écho chez les citoyens dans les rues. Il balaya la ville avec la violence d'une tempête.

Les gens sortirent en hâte de leurs maisons. Les rues se remplirent d'une foule en délire. Les sentiments de peur réprimés depuis plusieurs semaines se transformèrent en un cri de joie sauvage. Du haut de la grande tour du Temple de Bêl jaillirent les flammes de la victoire. Une colonne de fumée bleue s'éleva dans le ciel pour transmettre le message au loin.

Les murs de Babylone avaient une fois de plus résisté à un puissant et féroce ennemi déterminé à piller ses richesses et à vaincre ses citoyens et les réduire à l'esclavage.

La ville de Babylone dura plusieurs siècles parce qu'elle était entièrement protégée. Elle n'aurait pas pu survivre autrement.

Les murs de Babylone illustrent bien le besoin et le désir de l'homme d'être protégé. Ce désir est inhérent à l'espèce humaine. Il est aussi fort aujourd'hui qu'il l'était autrefois, mais nous avons établi des plans plus vastes et meilleurs pour réaliser ce même but.

Aujourd'hui réfugiés derrière les murs inexpugnables des assurances, des comptes d'épargne et des investissements fiables, nous recherchons à nous protéger des tragédies inattendues susceptibles de surgir à n'importe quel moment.

**NOUS NE POUVONS PAS NOUS PERMETTRE DE VIVRE SANS ÊTRE CORRECTEMENT PROTÉGÉS.**

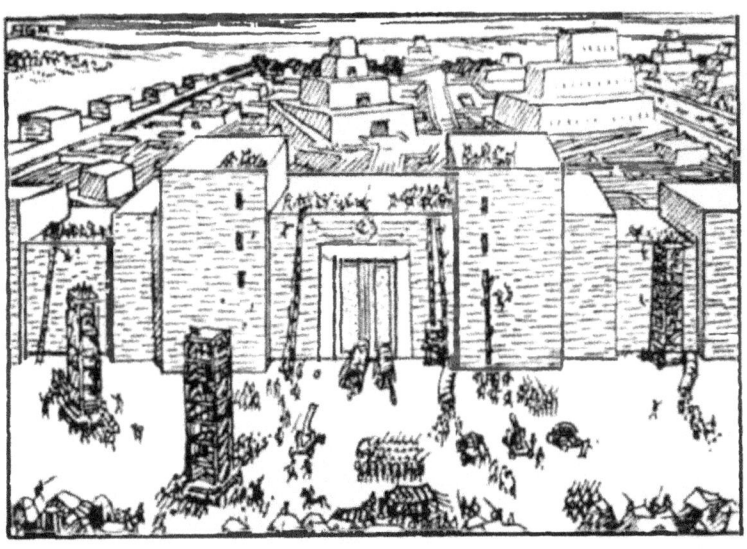

# LE MARCHAND DE CHAMEAUX DE BABYLONE

Plus nous avons faim, plus notre cerveau s'active et plus nous devenons sensibles à l'odeur des aliments.

Tarkad, le fils d'Azure, pensait probablement ainsi. Pendant deux jours complets, il n'avait mangé que deux petites figues cueillies par-dessus le mur d'un jardin. Il ne put en prendre d'autres avant qu'une femme fâchée ne surgisse et le chasse. Ses cris perçants résonnaient encore à ses oreilles alors qu'il traversait la place du marché. Ces sons horribles l'aidèrent à retenir ses doigts toujours avides de saisir des fruits dans les paniers des femmes du marché.

Avant, il n'avait jamais remarqué combien tant de nourriture était vendue sur le marché de Babylone ni comme elle sentait bon. Quittant le marché, il se dirigea vers l'auberge devant laquelle il fit les cent pas. Peut-être rencontrerait-il là une personne qu'il connaissait; quelqu'un de qui il pourrait emprunter une pièce de cuivre, grâce à laquelle il se ferait servir un copieux repas et arracherait un sourire à l'austère propriétaire de l'auberge. Sans cette petite pièce de cuivre, il savait très bien qu'il ne serait pas le bienvenu.

Distrait, il se retrouva soudainement face à face avec l'homme qu'il désirait le plus éviter, Dabasir, le marchand de chameaux au long corps osseux. D'entre tous les amis et des autres auxquels il avait emprunté de petites sommes, Dabasir était la personne qui le rendait le plus mal à l'aise, parce qu'il n'avait pas tenu sa promesse de le rembourser rapidement.

Le visage de Dabasir s'illumina en le voyant. «Ha! Voici Tarkad, c'est justement lui que je cherchais; peut-être peut-il me rembourser les deux pièces de cuivre que je lui ai prêtées, il y a bien longtemps; et également la pièce d'argent que je lui ai prêtée avant cela. Ça tombe très bien. Je peux utiliser ces pièces aujourd'hui même. Qu'en dis-tu, mon garçon? Qu'est-ce que tu en dis?»

Tarkad bredouilla et rougit. Son estomac était trop vide pour lui donner le toupet d'affronter le futé Dabasir. «Je regrette, je regrette beaucoup, murmura-t-il faiblement, mais aujourd'hui, je n'ai ni les deux pièces de cuivre, ni la pièce d'argent que je te dois.»

«Alors trouve-les, insista Dabasir. Tu peux sûrement obtenir quelques pièces de cuivre et une pièce d'argent pour rembourser la générosité d'un vieil ami de ton père qui t'a aidé quand ta détresse.»

«C'est à cause de la malchance qui m'accable que je ne peux pas payer.»

«La malchance! Blâmerais-tu les dieux pour ta propre faiblesse? La malchance n'accable que celui qui pense plus à emprunter qu'à rembourser. Viens avec moi, garçon, pendant que je mange. J'ai faim et je voudrais te narrer une histoire.»

Tarkad recula devant la brutale franchise de Dabasir, mais l'invitation à entrer dans un lieu où l'on mangeait le convainquit.

Dabasir le dirigea dans un coin éloigné de la salle où ils s'assirent sur de petits tapis.

Quand le propriétaire, Kauskor, apparut en souriant, Dabasir s'adressa à lui dans son crû parler habituel. «Gros lézard du désert, apporte-moi un gigot de chèvre, très cuit et baignant dans son jus, du pain et plein de légumes car j'ai très faim et je veux beaucoup de nourriture. N'oublie pas mon ami, ici. Apporte-lui un pot d'eau. Fais-la refroidir, car la journée est chaude.»

Le cœur de Tarkad défaillit. Il devait s'asseoir ici et boire de l'eau pendant qu'il regardait cet homme dévorer un gigot entier de chèvre. Il se tut. Aucune pensée à l'esprit.

Dabasir, cependant, ignorait la valeur du silence. Tout en souriant et saluant naturellement de la main les autres clients qui le connaissaient tous, il continua.

«J'ai entendu d'un voyageur en provenance d'Urfa qu'un certain homme riche possède une pierre si mince que l'on peut voir à travers. Il la pose sur la fenêtre de sa maison pour empêcher la pluie d'entrer. Elle est jaune, d'après les dires du voyageur, et il lui a été permis de regarder à travers où tout le monde extérieur lui parut étrange et différent de ce qu'il est en réalité. Qu'est-ce que tu dis de cela, Tarkad? Crois-tu que le monde puisse paraître à un homme d'une couleur différente de celle qu'il est?»

«Je ne saurais dire», répondit le jeune en regardant fixement le gras gigot de chèvre placé devant Dabasir.

«Bien, je sais que c'est vrai, pour l'avoir vu de mes yeux, que le monde peut paraître d'une couleur différente de celle qu'il est en réalité et voici comment j'en vins à le voir à nouveau de sa vraie couleur.»

«Dabasir va raconter une histoire», chuchota un voisin de table à son compagnon, et il approcha son tapis. Les autres convives apportèrent leur nourriture et se rassemblèrent en demi-cercle. Ils mangeaient bruyamment dans les oreilles de Tarkad et l'effleuraient avec des os recouverts de viande. Il était le seul à ne pas manger. Dabasir ne lui offrit pas de partager son repas avec lui ni ne lui proposa un petit bout de pain rassis qui s'était brisé et était tombé sur le plancher.

«L'histoire que je vais raconter, commença Dabasir, marquant une pause pour prendre une bonne bouchée de gigot de chèvre, relate ma jeunesse et mes débuts en tant que marchand de chameaux. Quelqu'un sait-il que je fus un jour esclave en Syrie?»

Un murmure de surprise retentit parmi l'auditoire et Dabasir l'écouta avec satisfaction.

«Quand j'étais jeune homme, continua Dabasir après un autre vorace assaut sur le gigot de chèvre, j'ai appris le métier de mon père, la fabrication de selles. J'ai travaillé avec lui dans sa boutique et je me suis marié. Étant jeune et peu expérimenté, je gagnais peu; juste assez pour subvenir modestement aux besoins de mon excellente épouse.

J'étais avide de bonnes choses que je ne pouvais pas m'offrir. Je me suis vite aperçu que les propriétaires de boutiques m'accordaient un crédit même si je ne pouvais pas les payer à temps.

«Jeune et sans expérience, j'ignorais que celui qui dépense plus qu'il ne gagne sème les vents de l'inutile indulgence envers soi dont il est assuré de recueillir les tourbillons de problèmes et d'humiliations. Ainsi, j'ai succombé à mes caprices et me suis acheté de beaux habits et des biens de luxe pour ma bonne épouse et notre maison, sans en avoir les moyens.

«J'ai payé comme j'ai pu et pendant un certain temps, tout s'est bien déroulé. Mais un jour, j'ai découvert que mes gains étaient insuffisants pour vivre et payer mes dettes. Mes créanciers ont commencé à me poursuivre pour que je paie mes achats extravagants et ma vie est devenue misérable. J'ai emprunté à mes amis, sans pouvoir les rembourser non plus. Les choses allaient de mal en pis. Ma femme est retournée chez son père et j'ai décidé de quitter Babylone pour une autre ville où un jeune homme pouvait avoir de meilleures chances.

«Pendant deux ans, j'ai connu une vie agitée et sans succès, voyageant avec les caravanes des marchands. Puis, je me suis joint à un groupe de voleurs affables qui parcouraient le désert en quête de caravanes non armées. De telles actions étaient indignes du fils de mon père, mais je voyais le monde à travers une pierre colorée et je ne me rendais pas compte à quel niveau de dégradation j'étais tombé.

«Nous eûmes de la chance à notre premier voyage en capturant un riche chargement d'or, de soie et de marchandises de valeur. Nous avons ramené ce butin à Ginir et l'avons gaspillé.

«La deuxième fois, nous n'avons pas eu cette même chance. Juste après notre prise, nous avons été attaqués par les guerriers d'un chef indigène que les caravanes payaient pour les protéger. Nos deux chefs ont été tués et ceux d'entre nous qui furent faits prisonniers ont été amenés à Damas, dépouillés de leurs vêtements et vendus comme esclaves.

«J'ai été acheté pour deux pièces d'argent par un chef du désert syrien. Les cheveux rasés et vêtu uniquement de quelques morceaux d'étoffe, je n'étais pas différent des autres esclaves. Étant un jeune insouciant, je pensais que tout cela n'était qu'une banale aventure, jusqu'à ce que mon maître m'emmène devant ses quatre femmes et leur dise qu'elles pouvaient m'avoir comme eunuque.

«Alors, j'ai vraiment réalisé ma situation. Ces hommes du désert étaient sauvages et guerriers. J'étais soumis à leur volonté, dépourvu d'armes et sans espoir de m'échapper.

«Je me tenais debout, effrayé de ces quatre femmes qui m'examinaient. Je me demandais si je pouvais espérer quelque pitié de leur part. Sira, la première femme, était plus vieille que les autres. Elle me regardait, impassible. Je me suis détourné d'elle avec peu de consolation. La suivante, d'une beauté méprisante, me fixait avec autant de considération que si j'avais été un ver de terre. Les deux plus jeunes ricanaient comme s'il s'agissait d'une blague excitante.

«Il m'a semblé attendre un siècle leur verdict, chaque femme semblant laisser la décision aux autres. Finalement, Sira s'exprima d'une voix froide.

«'Nous avons beaucoup d'eunuques mais uniquement quelques gardiens de chameaux, et ils sont sans valeur. Aujourd'hui même je dois visiter à ma mère malade, mais il n'y a pas d'esclave en qui j'ai assez confiance pour qu'il garde mon chameau. Demande à cet esclave s'il peut conduire un chameau.'

«Obéissant, mon maître me demanda: 'Que sais-tu des chameaux?'

«Luttant pour cacher mon enthousiasme, j'ai répondu: 'Je peux les faire descendre à terre, je peux les charger, je peux les conduire pendant de longs voyages, sans fatigue. En cas de besoin, je peux réparer leurs harnais.'

«'L'esclave en sait assez, observa mon maître. Si c'est ton désir, Sira, prends cet homme comme ton gardien de chameau.'

«Ainsi, j'ai été donné à Sira et ce jour-là, je l'ai conduite en chameau dans un long voyage auprès de sa mère malade. J'ai profité de l'occasion pour la remercier de son intervention et aussi pour lui dire que je n'étais pas esclave de naissance, mais fils d'un homme libre, honorable fabricant de selles de Babylone. Je lui ai aussi raconté mon histoire. Ses commentaires m'ont déconcerté et plus tard, j'ai réfléchi longuement à ce qu'elle m'avait dit.

«'Comment peux-tu te considérer un homme libre quand ta faiblesse t'a conduit à cette situation?

Si un homme possède en lui l'âme d'un esclave, n'en deviendra-t-il pas un, peu importe ce qu'il était à la naissance, comme l'eau recherchant son niveau? Si un homme possède l'âme d'un homme libre, ne deviendra-t-il pas respecté et honoré dans sa propre ville en dépit de sa malchance?'

«Pendant plus d'un an, j'ai été esclave et j'ai vécu avec des esclaves, mais je ne pouvais pas devenir un des leurs. Un jour, Sira me demanda: 'Dans la soirée, quand les autres esclaves peuvent se réjouir dans la bonne compagnie des uns et des autres, pourquoi restes-tu seul dans ta tente?'»

«À ceci, j'ai répondu: 'J'ai réfléchi à ce que vous m'avez dit. Je me demande si j'ai l'âme d'un esclave. Je n'arrive pas à me joindre à eux, alors je me tiens à l'écart.

«'Moi aussi, je dois rester à l'écart, me confia-t-elle. J'avais une grosse dot, et c'est pour cela que mon seigneur m'a mariée. Mais il ne me désire pas. Ce que toute femme souhaite ardemment, c'est d'être désirée. À cause de cela, et parce que je suis stérile, je n'ai enfanté ni fils ni fille, je dois me tenir à l'écart. Si j'étais un homme, je préférerais mourir plutôt que d'être esclave, mais les coutumes de notre tribu font des femmes des esclaves.'

«'Que pensez-vous de moi, maintenant? lui ai-je demandé soudainement. Ai-je l'âme d'un homme libre ou celle d'un esclave?'

«'As-tu l'intention de rembourser les dettes que tu as contractées à Babylone?' me demande-t-elle.

«'Oui, j'en ai le désir, mais ma situation ne me le permet absolument pas.'

«'Si tu laisses les années passer sans te plaindre en ne faisant rien pour rembourser, alors ton âme est assurément l'âme d'un esclave. Il ne peut pas en être autrement pour un homme qui ne se respecte pas lui-même; personne ne peut se respecter s'il ne rembourse pas ses dettes équitables.'

«'Mais que peut faire un esclave en Syrie ?'

«'Rester un esclave en Syrie ne peut être que l'ambition d'un être faible.'

«'Je ne suis pas un être faible', ai-je répliqué, piqué au vif.

«'Alors, montre-le.'

«'Comment?'

«'Ton grand roi ne combat-il pas ses ennemis en usant de toutes les stratégies et de toute la puissance qu'il a? Tes dettes sont tes ennemies. Elles t'ont chassé de Babylone. Tu les as laissé s'accumuler et elles sont devenues trop grandes pour toi. Si tu les avais combattues comme un homme, tu aurais pu les conquérir et devenir un homme honoré parmi les gens de ta ville. Mais tu n'as pas eu l'âme pour les combattre et regarde: ta fierté t'a quitté et tu es tombé de déchéance en déchéance jusqu'à devenir esclave en Syrie.'

«J'ai beaucoup repensé à ses accusations désobligeantes et j'ai envisagé plusieurs théories défensives pour me prouver que je n'étais pas un esclave dans mon for intérieur, mais je ne pus les appliquer. Trois jours plus tard, la servante de Sira vint me chercher pour me conduire à ma maîtresse.

«'Ma mère est très malade à nouveau, dit-elle. Attelle les deux meilleurs chameaux du troupeau de mon mari. Attache des sacs en peau remplis d'eau et charge les sacs pour un long voyage. La servante te donnera de la nourriture à la tente-cuisine.' J'ai chargé les chameaux en m'interrogeant sur la grande quantité de provisions que la servante me donnait, car la maison de la mère de ma maîtresse se trouvait à moins d'une journée de voyage. La servante monta sur le dernier chameau qui suivait et je conduisis le chameau de Sira. Quand nous sommes arrivés à la maison de la mère, la nuit avait commencé à tomber. Sira congédia la servante et me dit:

«'Dabasir, possèdes-tu l'âme d'un homme libre ou celle d'un esclave?'»

«'L'âme d'un homme libre', ai-je répondu sans hésiter.

«'Voici maintenant ta chance de le prouver. Ton maître a beaucoup bu et ses chefs sont abrutis. Alors, prends ces chameaux et échappe-toi. Tu trouveras dans ce sac des vêtements de ton maître pour te déguiser. Je vais dire que tu as volé les chameaux et que tu t'es enfui pendant que je visitais ma mère malade.'

«'Vous possédez l'âme d'une reine, lui ai-je dit. J'aimerais bien pouvoir vous rendre heureuse.'

«'Le bonheur, répondit-elle, n'attend pas la femme qui fuit son mari et le recherche dans les terres lointaines parmi les étrangers. Va ton propre chemin et que les dieux du désert te protègent, car la route est longue, sans nourriture ni eau.'

«Je n'avais pas besoin que l'on me le répète deux fois; je la remerciai avec reconnaissance et partis dans la nuit. Je ne connaissais pas cet étrange pays et j'avais uniquement une petite idée de la direction à prendre pour retrouver Babylone, mais je traversais bravement le désert en direction des collines. J'étais monté sur un chameau et je menais l'autre. J'ai voyagé pendant toute la nuit et la journée suivante, anxieux, connaissant la terrible punition réservée aux esclaves qui volaient la propriété de leur maître et qui essayaient de s'évader.

«Tard dans l'après-midi, j'arrivai dans un pays aride, aussi inhospitalier que le désert. Des roches pointues coupaient les pieds de mes fidèles chameaux et bientôt ils choisirent leur route lentement et avec peine. Je n'ai rencontré ni homme ni bête et je pouvais bien comprendre pourquoi on évitait cette terre peu accueillante.

«Depuis ce moment, ce fut un voyage comme peu d'hommes

peuvent en raconter. Jour après jour, nous avons avancé péniblement.

«Nous n'avions plus d'eau ni de nourriture. La chaleur du soleil était atroce. À la fin, du neuvième jour, je descendis de ma monture avec le sentiment que j'étais trop faible pour remonter et que je mourrai sûrement, perdu dans ce pays abandonné.

«Je m'allongeai sur le sol et dormis, pour me réveiller à la première lueur du jour.

«Je m'assis et regardai autour de moi. L'air du matin était empreint d'une nouvelle fraîcheur. Mes chameaux étaient couchés tout près. Autour de moi s'étendait un vaste pays couvert de roches et de sable; rien qui n'indiquait une source de boire et de manger pour un homme ou un chameau.

«Était-ce dans cette paix tranquille que je devais attendre ma fin? Mon esprit était plus clair que jamais auparavant. Mon corps avait perdu de son importance. Mes lèvres desséchées et saignantes, ma langue sèche et enflée, mon estomac vide, n'éprouvaient plus la douleur persistante de la veille.

« Je mesurais l'immensité décourageante du désert et une nouvelle fois, la question se posa dans mon esprit: 'Ai-je l'âme d'un esclave ou l'âme d'un homme libre?' Aussi rapidement que l'éclair, j'ai compris que si j'avais l'âme d'un esclave, je devais m'allonger sur le sable et attendre mort; une fin digne d'un esclave fugitif.

«Mais, si j'avais l'âme d'un homme libre, qu'arriverait-il alors? Je devrais certainement retrouver le chemin menant à Babylone, rembourser les gens qui m'avaient prêté de l'argent en toute confiance, apporter du bonheur à ma femme qui m'aimait vraiment et apporter la paix et la satisfaction à mes parents.

«'Tes dettes sont tes ennemies qui t'ont chassé de Babylone', avait dit Sira. Oui, c'était vrai. Pourquoi est-ce que j'avais refusé de me tenir debout comme un homme? Pourquoi est-ce que j'avais laissé ma femme retourner chez son père?

«Alors, quelque chose d'étrange arriva. Le monde entier me parut d'une autre couleur, comme si je l'avais jusqu'à présent regardé à travers une pierre colorée qui aurait soudainement été enlevée. Enfin, je comprenais où se situaient les vraies valeurs de la vie.

«Mourir dans le désert! Pas question ! Dans une nouvelle vision, je sus exactement ce que je devais faire. D'abord, je retournerais à Babylone et j'affronterais tous ceux envers qui j'avais une dette. Je leur dirais qu'après des années errantes et de malchance, j'étais revenu pour rembourser mes dettes aussi vite que les dieux me le permettraient. Ensuite, je bâtirais un foyer pour ma femme et deviendrais un citoyen dont mes parents seraient fiers.

«Mes dettes sont mes ennemies, mais non les hommes à qui je devais ; Eux étaient mes amis, car ils m'avaient accordé leur confiance et ils avaient cru en moi.

«Je chancelais sur mes jambes affaiblies. Que signifiait la faim? Que signifiait la soif? Ce n'était que des incidents sur la route de Babylone. En moi surgit l'âme d'un homme libre en route pour conquérir ses ennemis et récompenser ses amis. Je frémis à l'idée de ce projet grandiose.

«Les yeux vitreux de mes chameaux s'illuminèrent au nouveau son de ma voix rauque. Ils se levèrent avec grand-peine, après plusieurs essais. Avec une pitoyable persévérance, ils se pressèrent vers le nord, convaincu que j'étais dans mon for intérieur que nous y trouverions Babylone.

«Nous avons trouvé de l'eau. Nous avons traversé un pays

plus fertile où poussaient de l'herbe et des fruits. Nous avons trouvé la route qui menait à Babylone parce que l'âme d'un homme libre voit les problèmes de la vie et les affronte pour les résoudre, tandis que l'âme d'un esclave gémit: 'Que puis-je faire, moi qui ne suis qu'un esclave?'

«Et toi, Tarkad? Ton estomac rend-il ton esprit très clair? Avances-tu déjà dans le chemin qui mène au respect de toi-même? Vois-tu le monde dans sa vraie couleur? Désires-tu payer tes dettes équitables quelles qu'elles soient, et être à nouveau un homme respecté dans Babylone?»

Des larmes coulèrent des yeux du jeune homme. Il s'agenouilla promptement. «Tu m'as montré la voie ; je sens déjà monter en moi l'âme de l'homme libre.»

«Mais comment ton retour s'est-il déroulé?» demanda un auditeur curieux.

«Celui qui est déterminé trouve les moyens, répondit Dabasir. J'étais alors déterminé, je me mis en route pour trouver un moyen. D'abord, je suis allé voir chaque homme envers qui j'étais en dette et l'ai supplié d'attendre jusqu'à ce que je puisse gagner de quoi le rembourser. La plupart de mes prêteurs m'accueillirent avec joie. Plusieurs m'insultèrent, mais d'autres m'offrirent leur aide; L'un d'eux m'accorda précisément l'aide dont j'avais besoin. C'était Mathon, le prêteur d'or. Apprenant que j'avais été gardien de chameaux en Syrie, il m'envoya chez le vieux Nebatur, le marchand de chameaux qui venait d'être mandaté par notre bon roi pour acheter plusieurs troupeaux de chameaux robustes pour une grande expédition. Avec lui, je mis en pratique ma connaissance des chameauxl Je fus petit à petit capable de rembourser chaque pièce de cuivre et chaque pièce d'argent. Alors, finalement, je pus marcher la tête haute et me sentir honorable parmi les hommes.»

Dabasir retourna une fois de plus à son repas. «Eh, Kausbor l'escargot, cria-t-il assez fort pour être entendu dans la cuisine. La nourriture est froide.

Apporte-moi encore de la viande fraîche rôtie, avec une grosse portion pour Tarkad, le fils de mon vieil ami qui a faim et qui va manger avec moi.»

Ainsi se termina l'histoire de Dabasir, le marchand de chameaux de la vieille Babylone. Il trouva sa propre voie quand il comprit une vérité essentielle, une vérité que les hommes sages, bien avant son époque, connaissaient et avaient appliquée.

Elle avait aidé beaucoup d'hommes à vaincre leurs difficultés et à connaître le succès et elle continuerait à le faire pour ceux qui possède la sagesse de comprendre sa force magique. Elle appartient à quiconque lit ces lignes.

## LORSQU'ON EST DÉTERMINÉ, ON TROUVE LES MOYENS.

## LES TABLETTES D'ARGILE DE BABYLONE

St. Swithin's College
Nottingham University
Newark-on-Trent
Nottingham

Le 21 octobre 1934
M. le Professeur Franklin Caldwell
a/s Expédition scientifique britannique
Hillah, Mésopotamie

Cher professeur,

Les cinq tablettes d'argile que vous avez découvertes lors de votre récente fouille des ruines de Babylone sont arrivées par le même bateau que votre lettre. Elles m'ont fasciné et j'ai passé de nombreuses et agréables heures à traduire leurs inscriptions. J'aurais dû répondre immédiatement à votre lettre, mais j'ai attendu d'avoir terminé les traductions que vous trouverez ci-jointes.

Les tablettes sont arrivées à destination sans dommage, protégées par un solide emballage et par des éléments de conservation judicieusement choisis.

Vous serez aussi surpris que nous, du laboratoire, de l'histoire qu'elles relatent. On s'attend à ce qu'un sombre et lointain passé parle de romance et d'aventure. Vous savez, quelque chose du genre «Les mille et une nuits». Puis, on s'aperçoit que les conditions du monde ancien n'ont que très peu changé en cinq mille ans, comme on peut le constater à la lecture de ces textes qui révèlent les difficultés d'un dénommé Dabasir pour rembourser ses dettes.

C'est bizarre, vous savez, mais ces vieilles inscriptions me chicotent, comme disent les étudiants. Exerçant comme professeur de collège, je suis censé être un humain réfléchi possédant une connaissance réelle de la plupart des sujets. Or, voici ce vieux bonhomme sorti des ruines poussiéreuses de Babylone vient me révéler un moyen qui m'étais inconnu pour payer mes dettes et en même temps augmenter l'or de mon porte-monnaie.

C'est une jolie pensée, dois-je dire, et il serait intéressant de voir si elle fonctionne aussi bien de nos jours qu'aux jours de l'antique Babylone. Madame Shrewsbury et moi projetons d'appliquer ce plan pour nos propres affaires qui auraient grand besoin d'être améliorées.

Je vous souhaite la meilleure des chances dans votre projet et attends impatiemment une autre opportunité de vous aider.

Agréez, monsieur le professeur, l'expression de mes sentiments distingués.

Alfred H. Shrewsbury
Département d'archéologie

*Tablette n° 1*

En cette nuit de pleine lune, moi Dabasir, qui vient de sortir de l'esclavage en Syrie, déterminé à rembourser toutes mes dettes et à devenir un homme riche et digne de respect dans ma ville natale de Babylone, je grave sur l'argile un dossier permanent de mes affaires pour me guider et m'aider à combler mes plus grands désirs.

Écoutant le sage conseil de mon ami Mathon, le prêteur d'or, je suis déterminé à suivre le plan précis qui, à ses dires, permet à tout homme honorable de se libérer de ses dettes et de vivre dans la richesse et le respect de lui-même.

Ce plan prévoit trois buts qui constituent mon espoir et mon désir.

Premièrement, le plan me permettra de profiter d'une éventuelle prospérité.

Donc, le dixième de mes gains sera mis de côté et constituera un bien que je garderai. Mathon parle sagement quand il dit:

«L'homme qui conserve dans sa bourse l'or et l'argent qu'il n'a pas besoin de dépenser est bon pour sa famille et loyal envers son roi.

«L'homme qui ne possède que quelques pièces de cuivre dans sa bourse est indifférent à sa famille et indifférent à son roi.

«Mais l'homme dont la bourse est vide est cruel pour sa famille et déloyal envers son roi, car son cœur est amer.»

Donc, l'homme qui désire réussir doit posséder des pièces qu'il peut faire résonner dans sa bourse et a, dans son cœur, de l'amour pour sa famille et de la loyauté envers son roi.

Deuxièmement, le plan m'enjoint de subvenir aux besoins et d'habiller ma bonne épouse qui m'est revenu avec loyauté de la maison de son père. Car Mathon dit que celui qui prend soin d'une fidèle épouse a le cœur rempli du respect de soi, et il ajoute de la force et de la détermination à ses buts.

Donc, les sept dixièmes de mes gains seront utilisés pour fournir une maison, des habits, de la nourriture, avec un surplus pour dépenser afin que nos vies ne soient pas vides de plaisirs et de satisfaction. Mais il me recommande de bien voir à ce que nous ne dépensions pas plus des sept dixièmes de ce que je gagne pour ces buts louables. De cette recommandation dépend le succès du plan. Nous devons vivre avec cette portion et ne jamais prendre plus ou acheter ce que je ne peux pas payer à même cette portion.

*Tablette n° II*

Troisièmement, le plan prévoit de rembourser mes dettes à même mes gains.

Donc, à chaque pleine lune, les deux dixièmes de mes gains seront divisés honorablement et avec justice entre ceux qui m'ont fait confiance et à qui j'ai emprunté. Alors en temps et lieu, toutes mes dettes seront totalement payées.

En foi de quoi, je grave ici le nom de chacun envers qui je suis redevable et le moment honnête de ma dette.

Fahru, le tisserand, 2 pièces d'argent, 6 pièces de cuivre.
Sinjar, le fabricant de matelas, 1 pièce d'argent.
Ahmar, mon ami, 4 pièces d'argent, 7 pièces de cuivre.
Askamir, mon ami, 1 pièce d'argent, 3 pièces de cuivre.
Harinsir, le joaillier, 6 pièces d'argent, 2 pièces de cuivre.
Diebeker, l'ami de mon père, 4 pièces d'argent, 1 pièce de cuivre.
Alkahad, le propriétaire de la maison, 14 pièces d'argent.
Mathon, le prêteur d'or, 9 pièces d'argent.
Birejik, le fermier, 1 pièce d'argent, 7 pièces de cuivre.

(À partir d'ici, la plaque est abîmée, le texte ne peut être déchiffré.)

*Tablette n° III*

Au total, je suis redevable à ces créanciers la somme de cent dix-neuf pièces d'argent et de cent quarante et une pièces de cuivre. Parce que je devais ces sommes et que je ne pouvais les rembourser, dans ma folie, j'ai accepté que ma femme retourne chez son père et j'ai quitté ma ville natale et recherché un bien-être facile ailleurs, mais je n'ai trouvé que le désastre et j'ai été réduit en esclavage, à ma grande honte!

Maintenant que Mathon m'a montré comment je peux payer mes dettes en petites sommes prélevées de mes gains, je comprends l'étendue de ma folie lorsque j'ai voulu échapper aux conséquences de mes extravagances.

Donc, je suis allé chez mes créanciers et leur ai expliqué que je n'avais pas de quoi les rembourser, sauf ma capacité de gagner, et que j'avais l'intention de conserver les deux dixièmes de tous mes gains pour rembourser mes dettes équitablement et honnêtement. Je pouvais payer cela mais pas plus. Donc, s'ils étaient patients, en temps et lieu, mes obligations seraient satisfaites au complet.

Ahmar, que je pensais mon meilleur ami, m'insulta amèrement et je le quittai humilié. Birejik, le fermier, demanda à être payé le premier, car il avait grand besoin de son argent. Alkahad, le propriétaire de la maison, m'avertit qu'il me ferait des difficultés à moins que je ne le règle bientôt tout mon dû.

Tous les autres acceptèrent volontiers ma proposition. Donc, je suis déterminé plus que jamais à rembourser mes justes dettes, sachant bien qu'il est plus facile de les rembourser que de les éviter.

Même si je ne peux pas satisfaire les besoins et les demandes de certains de mes créanciers, je vais traiter impartialement avec tous.

*Tablette n° IV*

C'est encore la pleine lune. J'ai travaillé dur avec un esprit libre. Ma bonne épouse m'a soutenu dans mes intentions de payer mes créanciers. Notre sage détermination m'a permis de gagner durant la lune passée, en achetant de robustes chameaux pour Nebatur, la somme de dix-neuf pièces d'argent.

J'ai divisé celles-ci selon le plan. J'ai mis un dixième de côté pour le conserver, j'ai partagé les sept dixièmes avec ma bonne épouse pour nos besoins. Les deux dixièmes ont été distribués entre mes créanciers aussi également qu'il pouvait être fait en pièces de cuivre.

Je n'ai pas vu Ahmar, mais j'ai remis les pièces à sa femme. Birejik était si content qu'il m'aurait baisé la main. Seul le vieux Alkahad, grincheux, crut bon de remarquer que je devais payer plus vite, ce à quoi j'ai répondu que le fait de savoir que j'étais bien nourri et pas inquiet, cela seulement me rendrait capable de payer plus vite. Tous les autres m'ont remercié et ont loué mes efforts.

Donc, au bout d'une lune, ma dette est diminuée de presque quatre pièces d'argent et je possède presque deux pièces d'argent d'économie que personne ne peut réclamer. Mon cœur est léger comme il ne l'a été depuis longtemps.

Une fois encore la pleine lune brille. J'ai travaillé dur mais avec peu de succès. Je n'ai pu acheter que quelques chameaux. J'ai gagné seulement onze pièces d'argent. Néanmoins, ma bonne épouse et moi nous en sommes tenus au plan, même si nous n'avons pas acheté de nouveaux vêtements et n'avons mangé qu'un peu de céréales. Encore, j'ai mis de côté le dixième des onze pièces pendant que nous vivions avec les sept dixièmes. J'ai été surpris quand Ahmar loua mon paiement, même s'il était petit. Birejik fit de même. Alkahad pesta, mais quand je lui suggérai de me rendre sa portion s'il ne la voulait pas, il l'a acceptée. Les autres, comme avant, étaient satisfaits.

Encore une fois, la pleine lune brille et je me réjouis grandement. J'ai trouvé un beau troupeau de chameaux et j'en ai acheté plusieurs robustes, pour un gain de quarante-deux pièces d'argent. Cette lune-ci, ma femme et moi avons renouvelé nos sandales et nos habits ; nous en avions bien besoin. Aussi, nous avons mangé de la viande et de la volaille.

Nous avons remboursé plus de huit pièces d'argent à nos créanciers. Même Alkahad n'a pas protesté.

Le plan est formidable, car il nous libère de la dette et nous donne à nous constituer un trésor bien à nous.

Nous avons connu trois pleines lunes depuis que j'ai gravé cette tablette. Chaque fois, je me suis payé un dixième de tous mes gains. Chaque fois, ma bonne épouse et moi avons vécu sur les sept dixièmes, même si quelquefois cela était difficile. Chaque fois, j'ai remboursé à mes créanciers les deux dixièmes.

Ma bourse est maintenant pleine de vingt et une pièces d'argent qui sont à moi. Cela me permet de garder la tête haute et me rend fier de marcher aux côtés de mes amis.

Mon épouse prend bien soin de la maison et s'habille correctement. Nous sommes heureux de vivre ensemble.

Le plan a une valeur immense. N'a-t-il pas transformé un ancien esclave en un homme honorable ?

*Tablette n° V*

La pleine lune brille encore et je me souviens qu'il y a longtemps que j'ai gravé une tablette. Cela fait douze lunes en vérité.

Mais aujourd'hui, je ne vais pas négliger mes dossiers puisque ce jour même, j'ai remboursé la dernière de mes dettes. C'est le jour où ma bonne épouse et moi festoyons et célébrons le juste résultat de notre détermination.

Plusieurs événements se sont passés lors de ma dernière visite chez mes créanciers dont je me rappellerai longtemps.

Ahmar m'a supplié de lui pardonner ses mots méchants et a dit que j'étais celui, parmi tant d'autres, dont il recherchait le plus l'amitié.

Le vieux Alkahad n'est pas si méchant après tout, car il a dit: «Tu étais autrefois tel un morceau d'argile mou que chaque main peut presser et mouler, mais maintenant, tu es une pièce de bronze capable de tenir une bordure. Si tu as besoin d'argent ou d'or, viens me voir n'importe quand.»

Il n'est pas le seul qui éprouve de l'égard pour moi. Beaucoup d'autres me parlent avec déférence. Ma bonne épouse me regarde avec cette lumière dans les yeux qui rend un homme confiant en lui-même.

Mais c'est le plan qui fait mon succès. Il m'a permis de payer toutes mes dettes et fait retentir l'or et l'argent dans ma bourse. Je le recommande à ceux qui veulent aller de l'avant. Car s'il rend un esclave capable de rembourser ses dettes, n'aidera-t-il pas un homme à trouver l'indépendance? Moi-même, je n'en ai pas fini de ce plan, car je suis convaincu que si je continue à l'appliquer, il me rendra riche parmi les hommes.

St. Swithin's College
Nottingham University
Newark-on-Trent
Nottingham

Le 7 novembre 1936
M. le Professeur Franklin Caldwell
a/s Expédition scientifique britannique
Hillah, Mésopotamie

Cher professeur,

Si, lors des prochaines fouilles des ruines de Babylone, vous rencontrez le fantôme d'un ancien citoyen, un vieux marchand de chameaux nommé Dabasir, rendez-moi un service. Dites-lui que son gribouillage sur ces tablettes d'argile, il y a si longtemps, lui ont valu une vie de reconnaissance de quelques personnes de ce collège en Angleterre.

Vous vous rappellerez probablement de ma lettre d'il y a un an disant que madame Shrewsbury et moi avions l'intention d'essayer son plan pour nous libérer de nos dettes et, en même temps, acquérir de l'or à faire sonner dans nos goussets. Vous avez peut-être deviné que même si nous avons essayé de cacher ces dettes à nos amis, elles nous embarrassaient désespérément.

Nous étions terriblement humiliés depuis des années par de vieilles dettes et inquiets à nous rendre malades que certains commerçants ne provoquent un scandale qui m'aurait forcé à partir du collège. Nous avons payé et payé chaque shilling que nous prenions difficilement de notre revenu — mais c'était à peine suffisant pour nous maintenir à flot. À part cela, nous étions forcés de faire nos achats là où nous pouvions avoir un meilleur crédit, acceptant malgré nous les prix élevés.

La situation s'est dégradée en un cercle vicieux qui s'est empiré au lieu de s'améliorer. Nos efforts ne nous laissaient aucun espoir. Nous ne pouvions pas déménager pour une habitation moins coûteuse parce que nous devions le loyer au propriétaire. Il semblait qu'il n'y avait rien à faire pour améliorer la situation.

Alors se présenta votre nouvelle connaissance, le vieux marchand de chameaux de Babylone, auteur d'un plan capable de nous aider à accomplir exactement ce que nous désirions. Il nous a joliment encouragés à appliquer ses conseils. Nous avons fait une liste de toutes nos dettes et je l'ai prise et montrée à tous ceux à qui nous devions quelque chose.

J'ai expliqué pourquoi il m'était impossible de les payer de la façon dont les choses allaient. Ils pouvaient le constater par eux-mêmes en examinant les chiffres. Alors, j'ai expliqué que la seule manière que je voyais de tout payer était de mettre de côté vingt pour cent de mon revenu mensuel, de le diviser équitablement entre eux et qu'ainsi je terminerais de les payer dans un peu plus de deux ans. Dans l'intervalle, nous procéderions sur une base au comptant et leur donnerions le bénéfice de nos prochains achats au comptant.

Ils ont été vraiment convenables. Et épicier, un vieux monsieur sage, l'a accepté pour nous permettre de rembourser le reste. «Si vous payez comptant tout ce que vous achetez et remboursez un peu ce que vous devez, cela est mieux que ce que vous n'ayez jamais fait», car je ne lui avais rien payé depuis trois ans.

Finalement, j'ai mis en lieu sûr une liste de tous leurs noms et un mot qui, d'un commun accord, les engageait à ne pas nous presser aussi longtemps que nous débourserions régulièrement vingt pour cent de notre revenu.

Alors nous avons commencé à établir des plans pour vivre uniquement avec soixante-dix pour cent de nos revenus. Et nous étions résolus à conserver dix pour cent de surplus pour le faire résonner dans nos goussets. La pensée de l'argent et possiblement de l'or était des plus séduisantes.

Ce changement dans notre vie constituait une véritable aventure. Nous avons pris plaisir aux calculs et à évaluer comment vivre confortablement avec le soixante-dix pour cent qui restait. Nous avons commencé par le loyer et nous avons obtenu une bonne réduction. Ensuite, nous avons remis en question nos marques favorites de thé et les autres pour constater que souvent nous pouvions acheter une qualité supérieure à meilleur prix.

C'est une longue histoire à raconter dans une lettre, mais brièvement cela ne s'est pas révélé trop difficile. Nous nous sommes arrangés de cette situation et, qui plus est, dans la bonne humeur. Quel fut notre soulagement de voir nos affaires dans un tel état que nous n'étions plus poursuivis par les vieux comptes en souffrance.

Je ne dois cependant pas oublier de vous parler du surplus de dix pour cent que nous devions conserver pour les faire résonner dans nos goussets. Eh bien! nous l'avons fait sonner un certain temps! Ne riez pas trop vite. Vous voyez, c'était le bon côté du plan. C'est vraiment amusant de commencer à économiser de l'argent que vous ne voulez plus dépenser. Il y a plus de plaisir à gérer un surplus comme celui-là qu'il y en a à le dépenser.

Après l'avoir fait tinter autant que nous pouvions, nous lui avons trouvé un emploi plus profitable. Nous l'avons placé dans un plan d'investissement que nous pouvions payer avec ce dix pour cent, tous les mois. Ce placement s'avère la plus satisfaisante partie de notre renouveau. C'est la première chose que nous payons avec mon chèque.

C'est un sentiment de sécurité des plus agréables que de savoir que notre investissement s'accroît sans cesse. Lorsque ma carrière dans l'enseignement prendra fin, notre investissement devrait constituer une somme confortable, suffisante pour que ses intérêts nous suffisent à partir de ce moment-là.

Tout cela grâce à ce même vieux chèque. Difficile à croire mais bien vrai, nous remboursions petit à petit nos dettes en même temps que nous accroissions notre investissement. En plus, nous nous en tirons financièrement mieux qu'avant encore. Qui aurait pu imaginer une telle différence entre suivre un plan et seulement se laisser aller.

À la fin de l'année prochaine, quand toutes nos factures auront été payées, nous pourrons investir davantage et économiser pour voyager. Nous sommes résolus à ne plus jamais dépenser plus que soixante-dix pour cent de notre revenu.

Maintenant, vous pouvez comprendre pourquoi nous aimerions tant remercier personnellement ce vieux monsieur dont le plan nous a sauvés de «l'enfer sur terre». Il le savait. Il avait vécu tout cela. Il voulait que d'autres profitent de ses amères expériences.

C'est pourquoi il a consacré des heures fastidieuses à graver son message sur l'argile.

Il avait un authentique message à transmettre à ses compagnons d'infortune, un message si important qu'après cinq mille ans, il est sorti des ruines de Babylone aussi vrai et aussi vivant que le jour où il y a été enterré.

Recevez, monsieur le professeur, l'expression de mes sentiments distingués,

Alfred H. Shrewsbury
Département d'archéologie

# LE BABYLONIEN LE PLUS FAVORISÉ PAR LA CHANCE

Sharru Nada, le prince marchand de Babylone, avançait fièrement à la tête de sa caravane. Il aimait les tissus fins et portait des robes coûteuses et seyantes. Il aimait les animaux de race et chevauchait son étalon arabe avec agilité. À le voir, on pouvait difficilement deviner son âge avancé. Les gens n'auraient certainement pas pu soupçonner qu'il était tourmenté intérieurement.

Le voyage de Damas était long et les difficultés du désert nombreuses. Il ne s'en inquiétait pas. Les tribus arabes sont farouches et avides de piller les riches caravanes mais il ne les craignait pas car ses nombreuses troupes de gardiens lui assuraient une bonne protection.

Il était bouleversé par ce jeune homme, à ses côtés, qu'il ramenait de Damas. Il s'appelait Hadan Gula et était le petit-fils de son partenaire d'il y avait quelques années, Arad Gula, à qui il vouait une gratitude infinie. Il voulait aider ce petit-fils, mais plus il y réfléchissait, plus cela lui semblait difficile à cause du jeune homme lui-même.

Voyant les bagues et les boucles d'oreilles du jeune homme, il pensa: «Il pense que les bijoux conviennent aux hommes, pourtant il a le faciès énergique de son grand- père.

Mais son grand-père ne portait pas de robes aux couleurs si voyantes. Je l'ai invité à m'accompagner, espérant pouvoir l'aider à établir lui-même une fortune, et à fuir le dégât que son père a fait de leur héritage.»

Hadan Gula mit fin à ses réflexions: «Pourquoi travaillez-vous si dur, voyageant toujours avec votre caravane, parcourant de si longs trajets? Ne prenez- vous jamais le temps de jouir de la vie?»

Sharru Nada sourit: «Jouir de la vie? répéta-t-il. Que ferais-tu à la place de Sharru Nada pour jouir de la vie?»

«Si je possédais une fortune comme la vôtre, je vivrais comme un prince. Je ne traverserais jamais le désert. Je dépenserais les shekels aussitôt qu'ils tomberaient dans ma bourse. Je vêtirais les robes les plus dispendieuses et les bijoux les plus rares. Voilà une vie à mon goût, une vie qui mérite d'être vécue.» Les deux hommes rirent.

«Ton grand-père ne portait pas de bijoux.» Sharru Nada avait parlé sans réfléchir, alors il se reprit en blaguant. «Ne te laisserais-tu pas de temps pour travailler?»

«Le travail, c'est bon pour les esclaves», répondit Hadan Gula.

Sharru Nada se mordit les lèvres mais ne répondit pas, chevauchant en silence jusqu'à arriver à une pente. Là, il ralentit sa monture et pointa la vallée verte au loin. «Regarde la vallée. Regarde loin en bas et tu peux à peine voir les murs de Babylone. La tour est le Temple de Bêl. Si tes yeux sont bons, tu peux peut-être discerner la fumée du feu éternel sur le sommet.»

«Alors, c'est ça Babylone? J'ai toujours voulu ardemment voir la ville la plus riche du monde, commenta Hadan Gula. Là où mon grand-père entreprit de se bâtir une fortune. S'il était encore en vie, nous ne serions pas si douloureusement opprimés.»

«Pourquoi désirer que son esprit s'attarde sur la terre plus que le temps qui lui a été alloué? Toi et ton père pouvez continuer son bon travail.»

«Hélas, nous ne possédons ni l'un ni l'autre ses dons. Mon père et moi ignorons tout de son secret pour attirer les shekels d'or.»

Sharru Nada se tut. Il rendit la bride à sa monture et s'engagea pensivement sur le sentier menant à la vallée. Dans un nuage de poussière rougeâtre la caravane les suivit. Plus tard, ils rejoignirent la route du roi et tournèrent vers le sud, traversant les terres irriguées.

Trois vieillards travaillant dans le champ attirèrent l'attention de Sharru Nada. Ils semblaient étrangement familiers. C'est absurde ! On ne passe pas près d'un champ quarante ans plus tard pour y trouver les mêmes laboureurs. Pourtant, quelque chose lui disait que c'étaient les mêmes. L'un d'eux tenait faiblement la charrue. Les autres peinaient à côté des bœufs, les battant en vain pour qu'ils avancent.

Quarante ans auparavant, il avait envié ces hommes! Avec quel plaisir il aurait pris leur place ! Mais quelle différence aujourd'hui. Avec fierté, il se tourna pour regarder sa caravane, ses chameaux et ses ânes bien choisis et lourdement chargés de marchandises de valeur provenant de Damas.

Tous ces biens lui appartenaient, sauf un.

Il montra les laboureurs en disant: «Ils travaillent le même champ depuis quarante ans.»

«Ils leur ressemblent. Pourquoi voulez-vous que ce soient les mêmes?»

«Je les ai rencontrés là», répondit Sharru Nada.

Les souvenirs revenaient rapidement à son esprit. Pourquoi ne pouvait-il pas oublier le passé et vivre dans le présent? Alors, il vit comme dans une image la figure souriante d'Arad Gula. La barrière entre lui et le jeune cynique, assis à ses côtés, tomba.

Mais comment pouvait-il aider un jeune homme supérieur

dont toutes les idées visaient le luxe et dont les mains étaient parées de bijoux? Il pouvait fournir du travail à ceux en quête de travail mais rien à des hommes qui considèrent le travail indigne d'eux. Mais il devait à Arad Gula d'essayer quelque chose de concret et non une demi-tentative. Lui et Arad Gula n'avaient jamais fait les choses de cette façon. Ils n'étaient pas de cette trempe.

Un plan surgit, presque comme un éclair. Ce ne serait pas facile. Il devait considérer sa famille et son propre standing. Cela serait cruel, cela blesserait. Étant un homme de décisions rapides, il repoussa les objections et choisit d'agir.

«Aimerais-tu savoir comment ton grand-père et moi avons fait équipe pour une aventure qui s'est révélée si avantageuse?» demanda-t-il.

«Dites-moi simplement comment vous avez obtenu les shekels d'or, c'est tout ce que j'ai besoin de savoir», répliqua le jeune homme.

Sharru Nada ignora la réplique et continua: «Nous allons commencer avec ces paysans qui labourent. J'étais aussi jeune que toi. Comme la colonne d'hommes dans laquelle je marchais s'approchait, le bon vieux Megiddo, le fermier, se moqua de la façon insouciante avec laquelle ils labouraient. Megiddo était enchaîné près de moi. 'Regarde ces paresseux, protesta-t-il. L'homme qui tient la charrue ne cherche pas à labourer profondément, les batteurs ne maintiennent pas non plus les bœufs dans le sillon. Comment peuvent-ils s'attendre à faire une bonne récolte alors que le labourage est si mal fait?»

«Avez-vous dit que Megiddo était enchaîné à vous?» demanda Hadan Gula, intrigué.

«Oui, nous portions un collier de bronze autour du cou, une

lourde chaîne nous reliait l'un à l'autre. Près de lui, il y avait Zabado, le voleur de moutons que j'avais connu à Harroun. Au bout, un homme surnommé Pirate parce qu'il ne voulait pas dire son nom. Nous avons jugé qu'il était marin parce qu'il avait des serpents entortillés, tatoués sur la poitrine, communs chez les marins. La colonne était organisée pour que les hommes puissent marcher quatre par quatre.»

«Vous étiez enchaîné comme un esclave?» s'enquit Hadan Gula d'une manière incrédule.

«Ton grand-père ne t'a pas raconté qu'un jour j'ai été esclave?»

«Il a souvent parlé de vous, mais n'a jamais mentionné ce fait.»

«C'était un homme à qui vous pouviez dévoiler les secrets les plus intimes. Toi aussi, tu es un homme digne de confiance, n'est-ce pas?» Sharru Nada le regarda droit dans les yeux.

«Vous pouvez compter sur mon silence, mais je suis très étonné. Comment êtes-vous devenu esclave ?»

Sharru Nada haussa les épaules. «Tout homme peut, un jour, se retrouver esclave. Une maison de jeu et de la bière d'orge décidèrent de mon sort. J'ai été victime des méfaits de mon frère. Dans une bagarre, il a tué son ami. J'ai été asservi à la veuve par mon père désespéré pour éviter à mon frère d'être poursuivi en justice. Lorsque mon père n'a pas pu se procurer l'argent nécessaire à ma libération, elle s'est fâchée et m'a vendu au marchand d'esclaves.»

«Quelle honte et quelle injustice, protesta Hadan Gula. Mais dites-moi, comment avez-vous recouvré votre liberté?»

«Nous y viendrons, mais pas tout de suite. Continuons mon histoire. Comme nous passions, les laboureurs se moquèrent de nous. L'un d'eux enleva son chapeau et salua en se penchant, criant: 'Bienvenue à Babylone, invités du roi. Sa Majesté vous attend aux murs de la ville où le banquet est servi: des briques de boue et de la soupe aux oignons.' Et ils riaient à gorge déployée.

«Pirate pesta et jura rondement contre eux. 'Que veulent-ils dire par "le roi nous attend aux murs"?' lui ai-je demandé.

«'Aux murs de la ville, nous marchons pour y amener des briques jusqu'à ce que notre dos se brise. Peut-être nous frapperont-ils à mort avant qu'il brise.'

«'Ils ne me frapperont pas. Je vais les tuer.'

«Alors Megiddo parla à haute voix. 'Cela ne m'apparaît pas juste de parler des maîtres qui frappent à mort des esclaves de bonne volonté et des travailleurs. Les maîtres apprécient les bons esclaves et les traitent bien.'

«'Qui veut travailler dur? commenta Zabado. Ces laboureurs sont bien avisés. Ils ne cassent pas leur dos. Ils le feignent simplement.'

«'Tu ne peux pas avancer en flânant, protesta Megiddo. Si tu laboures un hectare, c'est une bonne journée de travail et n'importe quel maître l'admet. Mais quand tu laboures seulement la moitié de cela, forcément que tu as flâné. Moi, je ne flâne pas. J'aime travailler et j'aime faire du bon travail, car le travail est le meilleur ami que j'aie jamais connu. Il m'a permis d'obtenir toutes les bonnes choses que je possède aujourd'hui, ma ferme et mes vaches, mes récoltes, tout.'

«'Vraiment, et où se trouvent ces choses maintenant? se moqua Zabado. Je pense que cela paie mieux d'être plus intelligent et de passer inaperçu sans travailler. Regarde Zabado; si nous sommes vendus, il transportera le sac d'eau ou fera quelque tâche facile pendant que toi, qui aimes travailler, tu te briseras le dos en le chargeant de briques.' Il rit de son rire stupide.

«La peur s'empara de moi ce soir-là. Je ne réussissais pas à dormir. Je me suis approché du câble de garde et quand les autres se sont endormis, j'ai attiré l'attention de Godoso qui montait la première garde.

«C'était un de ces bandits arabes, une sorte de voyou qui, s'il te volait ta bourse, pensait qu'il devait aussi te couper la gorge.

«'Dis-moi, Godoso, ai-je chuchoté, quand nous parviendrons aux murs de Babylone, serons-nous vendus?'

«'Pourquoi t'inquiètes-tu de cela? demanda-t-il prudemment.

«'Ne peux-tu pas comprendre? ai-je supplié. Je suis jeune. Je veux vivre. Je ne veux pas être harcelé ou battu à mort. Ai-je une chance d'avoir un bon maître?'

«Il me chuchota en retour: 'Je vais te révéler quelque chose. Tu es un bon gars, tu ne poses pas de problème à Godoso. La plupart du temps, nous allons au marché d'esclaves les premiers. Écoute, maintenant. Quand les acheteurs viendront, dis-leur que tu es bon travailleur, que tu aimes travailler dur pour un bon maître. Encourage-les à vouloir t'acheter. Si tu ne les incites pas à t'acheter, le lendemain tu transporteras des briques. Un travail harassant.'

«Puis, il s'éloigna. Je m'étendis sur le sable chaud, regardant les étoiles et pensant au travail. Megiddo avait dit que le travail était son meilleur ami; le serait-il également pour moi. Il le serait certainement s'il m'aidait à me libérer.

«Quand Megiddo s'est réveillé, je lui ai chuchoté la bonne nouvelle. Une lueur d'espoir nous accompagna, marchant vers Babylone. Tard dans l'après-midi, nous approchions des murs et pouvions voir les files d'hommes semblables à des fourmis noires grimpant les sentiers escarpés. Comme nous approchions, nous avons été très étonnés de voir les milliers d'hommes qui travaillaient; quelques-uns creusaient le fossé, les autres confectionnaient des briques avec de la boue. Le plus grand nombre transportait les briques dans de grands paniers en haut des sentiers escarpés jusqu'aux maçons.*

«Les surveillants injuriaient les traînards et claquaient les fouets sur le dos de ceux qui s'écartaient de la ligne. Certains, épuisés, chancelaient et tombaient sous leurs lourds paniers, incapables de se relever. Si le fouet ne réussissait pas à les remettre debout, ils étaient poussés hors des sentiers et laissés pour compte, agonisants. Ils seraient bientôt traînés en bas de la pente, avec les corps des esclaves attendant à côté de la route leur tombe non sanctifiée. En regardant ces scènes terrifiantes, je frémissais.

\* Les célèbres travaux de l'ancienne Babylone. Ses murs, temples, jardins suspendus et ses grands canaux furent érigés grâce au travail des esclaves, essentiellement des prisonniers de guerre, ce qui explique le traitement inhumain qu'ils reçurent. Ces travailleurs incluent aussi plusieurs citoyens de Babylone et de ses provinces, vendus en esclavage en punition de crimes qu'ils ont commis ou de problèmes financiers. C'était la coutume pour ces hommes de s'offrir eux-mêmes ou d'engager leurs femmes ou leurs enfants, pour garantir le paiement de prêts, jugements légaux ou autres obligations. En cas de défaut de remboursement, les personnes mises en gage étaient vendues en esclavage.

Voilà le sort qui attendait le fils de mon père s'il ne réussissait pas au marché d'esclaves.

«Godoso avait raison. Nous avons traversé les portes de la ville et nous nous sommes dirigés vers la prison d'esclaves; le matin suivant, on nous a amenés aux enclos du marché. Ici, le reste des hommes effrayés se serraient les uns contre les autres et seuls les fouets des gardes pouvaient les contraindre à bouger pour que les acheteurs les examinent. Megiddo et moi parlions avec chaleur à chaque homme qui nous autorisait à lui adresser la parole.

«Le marchand d'esclaves appela les soldats de la garde royale qui mirent les fers à Pirate et le frappèrent brutalement au moment où il protesta. Lorsqu'ils l'amenèrent, j'eus pitié de lui.

«Megiddo sentit que nous allions bientôt être séparés. Quand il n'y avait pas d'acheteurs tout près, il me parlait sérieusement pour me faire bien comprendre comment le travail serait valable pour moi dans l'avenir. 'Certains hommes le détestent. Ils en font leur ennemi. Mieux vaut le traiter en ami, force-toi à l'aimer. Ne t'en fais pas s'il est dur. Si tu songes à construire une bonne maison, alors tu te soucies peu de savoir si les poutres sont lourdes ou si le puits dont il faut puiser l'eau pour fabriquer le plâtre est loin. Promets-moi, garçon, que si tu trouves un maître, tu travailleras pour lui aussi dur que tu le pourras. S'il n'apprécie pas ton travail, ne t'en inquiètes pas. Souviens-toi que le travail bien fait favorise celui qui l'accomplit. Il en fait un homme meilleur.' Il s'arrêta, car un fermier corpulent venait à la clôture pour nous regarder d'un œil intéressé.

«Megiddo l'interrogea sur sa ferme et ses récoltes, le convainquant facilement qu'il lui serait d'une grande utilité. Après un âpre marchandage avec le marchand d'esclaves, le fermier sortit une grosse bourse de sous sa robe et bientôt Megiddo suivit son nouveau maître et disparut.

«Quelques autres hommes furent vendus pendant la matinée. À midi, Godoso m'avoua que le marchand était dégoûté et qu'il ne prolongerait pas son séjour d'une autre nuit, mais ramènerait le reste des esclaves au coucher du soleil à l'acheteur du roi. Je désespérais de mon sort quand un gros et bon homme s'avança vers le mur et demanda s'il y avait un pâtissier parmi nous.

«Je m'approchai de lui en disant: 'Pourquoi un bon pâtissier comme vous aurait-il besoin d'un pâtissier moins bon ? Ne serait-il pas plus facile d'apprendre à un homme de bonne volonté comme moi les secrets de votre métier? Regardez-moi, je suis jeune, fort et j'aime travailler. Accordez-moi une chance et je ferai de mon mieux pour garnir votre bourse d'or et d'argent.'

«Il fut impressionné par ma bonne volonté et commença à négocier avec le marchand qui ne m'avait jamais remarqué depuis qu'il m'avait acheté mais qui, maintenant, louait avec éloquence mes talents, ma bonne santé et mon bon caractère. Je me sentis comme un bœuf gras qu'on vend au boucher. Finalement, à ma grande joie, la vente fut conclue. Je m'éloignai avec mon nouveau maître, pensant que j'étais l'homme le plus favorisé de Babylone.

«Ma nouvelle demeure était bien à mon goût. Nana-naid, mon maître, m'apprit comment moudre l'orge dans un bol en pierre dans la cour, comment allumer un feu dans le four et puis comment moudre très finement la farine de sésame afin de réussir les gâteaux au miel.

Je dormais dans le hangar où son grain était entreposé. Sa vieille esclave, la domestique Swasti, me nourrissait bien et était satisfaite de la façon dont je l'aidais à accomplir les tâches difficiles.

«C'était la chance de me rendre utile à mon maître que j'avais ardemment désirée et j'espérais trouver ainsi un moyen pour gagner ma liberté.

«Je demandai à Nana-naid de m'apprendre à pétrir le pain et le cuire. Il accepta, très heureux de ma bonne volonté. Plus tard, quand j'ai bien maîtrisé cela, je lui ai demandé comment faire les gâteaux au miel et bientôt je faisais toute la pâtisserie. Mon maître était content de rester inoccupé, mais Swasti secoua la tête en signe de désapprobation. 'Il n'est pas bon, pour n'importe quel homme, d'être sans travail', déclara-t-elle.

«Je sentis qu'il était temps de penser à gagner des pièces de monnaie pour acheter ma liberté. Comme mon travail était fini à midi, j'ai pensé que Nana-naid accepterait que je trouve un emploi profitable pour les après-midi, travail dont nous pourrions partager les bénéfices. Puis, une idée me vint: pourquoi ne pas cuire davantage de gâteaux au miel et les offrir aux hommes affamés, dans les rues de la ville?

«J'ai proposé mon plan à Nana-naid de cette façon: 'Si je peux disposer de mes après-midi, une fois la pâtisserie terminée, afin de gagner pour vous des pièces de monnaie, ne serait-il pas juste que vous partagiez ces gains avec moi?

J'obtiendrais ainsi de l'argent que je pourrais dépenser pour acquérir les choses que tout homme désire et dont il a besoin.'

«'Assez juste, assez juste', admit-il. Quand je lui présentai mon plan de vente de gâteaux au miel, il fut très content. 'Voici ce que nous allons faire, proposa-t-il. Tu les vends à deux pour un sou; la moitié me reviendra et servira à payer la farine et le miel et le bois pour le feu de cuisson. Je prendrai la moitié du reste et tu garderas l'autre moitié.'

«J'étais très content de sa généreuse offre m'octroyant un quart de mes ventes. Ce soir-là, j'ai travaillé tard pour fabriquer un plateau sur lequel je poserais les gâteaux. Nana-naid m'a donné une de ses robes usées pour que j'aie l'air comme il faut et Swasti m'a aidé à la rapiécer et à la laver.

«Le lendemain, j'ai cuit une fournée de plus de gâteaux au miel. Remontant la rue, je vantais à haute voix mes marchandises, des gâteaux qui avaient l'air bien cuits et appétissants. Au début, personne ne semblait intéressé et j'étais découragé. J'ai persévéré, et plus tard dans l'après-midi, quand les hommes eurent faim, les gâteaux commencèrent à se vendre et très vite mon plateau se vida.

«Nana-naid était bien content de mon succès et me rémunéra ma part avec plaisir. J'étais ravi de posséder des sous. Megiddo avait raison quand il disait qu'un maître apprécie le bon travail de ses esclaves. Ce soir-là, j'étais tellement excité de mes succès que je pouvais difficilement dormir et j'ai essayé de calculer mon revenu pour en une année et combien d'années il me faudrait pour acheter ma liberté.

«Me promenant chaque jour avec mon plateau de gâteaux, j'ai rapidement gagné des clients réguliers. L'un d'eux n'était autre que ton grand-père, Arad Gula. Il était marchand de tapis et vendait aux ménagères. Il parcourait la ville d'un bout à l'autre, accompagné d'un âne chargé de tapis et d'un esclave noir qui en prenait soin. Il achetait deux gâteaux pour lui et deux pour son esclave, s'attardant toujours pour parler avec moi pendant qu'ils mangeaient leurs gâteaux.

«Ton grand-père m'a dit quelque chose un jour dont je me souviendrai toujours: 'J'apprécie tes gâteaux, mon garçon, mais j'apprécie bien plus la hardiesse avec laquelle tu les offres. Un tel esprit peut te mener loin sur la route du succès.'

«Mais peux-tu comprendre, Hadan Gula, ce que de tels mots d'encouragement pouvaient signifier pour un garçon esclave, seul dans une grande ville, se battant avec tout ce qu'il avait en lui pour sortir de son humiliation?

«À mesure que les mois passaient, je continuai à augmenter ma petite fortune. Ma bourse commençait à avoir un poids réconfortant, suspendue à ma ceinture. Le travail s'était révélé mon meilleur ami, exactement comme Megiddo avait dit. J'étais heureux mais Swasti était inquiète.

«Ton maître, je le crains, passe trop de temps dans les maisons de jeu', protesta-t-elle.

«Un jour, je fus rempli de joie de rencontrer mon ami Megiddo dans la rue. Il menait trois ânes chargés de légumes au marché. 'Je vais très bien, dit-il. Mon maître apprécie tellement mon travail qu'il m'a nommé maintenant contremaître.

Vois, il me confie le marché et aussi, il a fait demander ma famille. Le travail m'aide à me rétablir de mon grand problème. Un jour, il va m'aider à acheter ma liberté et, de nouveau, posséder une ferme à moi.'

«Le temps passait et Nana-naid avait de plus en plus hâte de me voir revenir après la vente. Il attendait mon retour, comptait impatiemment la recette et la divisait. Il me pressait aussi de prospecter de nouveaux clients afin d'accroître mes ventes.

«Souvent, je sortais des portes de la ville pour proposer mes gâteaux aux surveillants des esclaves construisant les murs. Je détestais revoir ces scènes affreuses, mais je trouvais que les surveillants étaient des acheteurs généreux. Un jour, j'ai été surpris de voir Zabado attendant en ligne pour remplir son panier de briques. Il était maigre et courbé et son dos était couvert de cicatrices et de plaies causées par les coups de fouet des surveillants. J'étais peiné pour lui et lui donnai un gâteau qu'il enfonça dans sa bouche comme un animal affamé. Voyant la convoitise dans son regard, je courus, avant qu'il ne se saisisse de mon plateau.

«'Pourquoi travailles-tu si dur?' m'a demandé Arad Gula un jour. Presque la même question que tu m'as posée aujourd'hui, te souviens-tu? Je lui ai rapporté les paroles de Megiddo concernant le travail et comment il s'était révélé mon meilleur ami. Je lui ai montré avec fierté ma bourses pleine de sous et lui ai expliqué que je les économisais pour acheter ma liberté.

«'Lorsque tu seras libre, que feras-tu?» continua-t-il.

«J'ai répondu: 'J'envisage de devenir marchand.'

«À cela, il m'avoua une chose que je n'avais jamais soupçonnée. 'Tu ne sais pas que je suis moi aussi un esclave. Je suis partenaire avec mon maître.'

«Arrêtez, ordonna Hadan Gula, je n'écouterai pas de mensonges diffamatoires sur mon grand-père. Il n'était pas esclave.» La colère sortaient de ses yeux.

Sharru Nada resta calme. «Je l'honore pour s'être élevé au-dessus de sa malchance et être devenu un grand citoyen de Damas. Es-tu, toi, son petit-fils, façonné dans le même moule? Es-tu assez homme pour affronter la réalité ou préfères-tu vivre sous de fausses illusions?»

Hadan Gula se redressa sur sa selle. Dans une voix étouffée par une émotion profonde, il répondit: «Mon grand-père était aimé de tous. Il multiplia les bonnes actions. Quand la famine est venue, n'a-t-il pas acheté du grain en Égypte et sa caravane ne l'a-t-elle pas ramené à Damas pour le distribuer afin que personne ne meure de faim? Pourquoi dites-vous qu'il n'était qu'un méprisable esclave à Babylone?»

«S'il était resté esclave à Babylone, peut-être serait-il devenu méprisable, mais quand, par ses efforts, il est devenu un grand homme à Damas, les dieux ont probablement pardonné ses malheurs et l'ont honoré de leur respect, répondit Sharru Nada.

«Après m'avoir dit qu'il était un esclave, poursuivit-il, expliqua à quel point il avait eu hâte de racheter sa liberté. Maintenant qu'il possédait assez d'argent pour cela, il était très ennuyé de ce qu'il devait faire. Il ne faisait plus de bonnes ventes et craignait d'avoir à se passer du soutien de son maître.

«J'ai protesté contre son indécision. 'Ne t'accroche pas davantage à ton maître. Retrouve une fois encore le désir d'être un homme libre. Agis comme un homme libre et triomphe comme un homme libre! Décide de ton but et le travail t'aidera à réussir.' Il poursuivit son chemin, disant qu'il était content que je lui aie fait honte au sujet de sa lâcheté.*

«Un jour, je suis sorti des portes et j'ai été surpris de rencontrer une grande foule rassemblée là. Quand j'ai demandé à un homme de m'expliquer ce qui se passait, il a répondu: 'N'as-tu pas entendu? Un esclave en fuite a tué un des gardes du roi a été amené en justice et sera flagellé à mort pour son crime. Même le roi y assistera en personne.'

«La foule était si dense près du poteau de flagellation que j'ai eu peur d'avancer davantage de crainte que mon plateau de gâteaux au miel ne soit renversé. J'ai donc grimpé sur le mur inachevé pour regarder au-dessus de la tête des gens. J'ai eu la chance de voir Nabuchodonosor en personne avançant dans son char doré. Je n'avais jamais vu une telle magnificence, de telles robes, de telles tentures en tissu doré garnies de velours.

* Les droits et obligations des esclaves de l'ancienne Babylone, même s'ils nous semblent contradictoires, étaient sévèrement régis par la loi. Par exempte, un esclave est en droit de posséder des biens de n'importe quelle sorte, même des esclaves sur lesquels son maître n'avait aucun droit. Les esclaves se mariaient librement avec des non-esclaves. Les enfants de mères libres étaient libres. La majorité des marchands de la ville étaient esclaves. Plusieurs de ceux-ci étaient en «affaires» avec leurs maîtres et étaient riches.

«Je ne pouvais pas voir la flagellation mais je pouvais entendre les cris perçants du pauvre esclave. Je me demandai comment quelqu'un d'aussi noble que notre bon roi pouvait contempler une telle souffrance; Mais lorsque je le vis rire et blaguer avec ses nobles, j'ai su qu'il était cruel et j'ai compris pourquoi des tâches aussi inhumaines étaient imposées aux esclaves qui construisaient les murs.

«Une fois l'esclave mort, son corps fut suspendu au poteau par une jambe afin que tout le monde puisse le voir. Lorsque la foule se fut suffisamment dispersée, je m'approchai. Sur sa poitrine, j'aperçus le tatouage, les deux serpents entrelacés. Cet esclave, c'était Pirate.

«Quand je revis Arad Gula, il était métamorphosé. Il m'accueillit, plein d'enthousiasme. 'Voilà que l'esclave est libre. Il y avait de la magie dans tes mots. Déjà, mes ventes et mes profits augmentent. Ma femme est enchantée. Elle était une femme libre, la nièce de mon maître. Elle désire ardemment que nous partions pour une autre ville où personne ne saura que j'ai déjà été esclave. Ainsi, nos enfants seront au-dessus de tout reproche quant au malheur de leur père. Le travail est devenu ma meilleure aide. Il m'a rendu capable de récupérer ma confiance et mon habileté pour la vente.'

«J'étais ravi d'avoir pu l'aider, ne fusse que pour lui retourner l'encouragement qu'il m'avait donné.

«Un soir, Swasti vint me voir en profonde détresse: 'Ton maître a des problèmes. Je crains pour lui. Il y a quelques mois, il a beaucoup perdu au jeu. Il ne paie pas au fermier ni son grain ni son miel. Il ne paie pas le prêteur d'argent. Ils sont mécontents et le menacent.'

«'Pourquoi devrions-nous nous inquiéter de ses folies? Sommes-nous ses gardiens ?', ai-je répondu sans réfléchir.

«'Jeune fou, tu ne comprends pas. Il a remis ton titre au prêteur d'argent pour garantir son prêt. Selon la loi, ce dernier peut maintenant te réclamer et te vendre. Je ne sais pas quoi faire. Il est un bon maître. Pourquoi, oh, pourquoi un tel problème doit-il s'abattre sur lui?'»

«Les peurs de Swasti n'étaient pas sans fondement. Pendant que je faisais la pâtisserie, le lendemain matin, le prêteur d'argent s'est présenté accompagné d'un homme appelé Sasi.'Cet homme me regarda et dit que je ferais l'affaire.

«Le prêteur d'argent n'attendit pas que mon maître revienne mais dit à Swasti de lui notifier qu'il m'avait emmené. Avec seulement la robe que j'avais sur le dos et la bourse solidement fixée à ma ceinture, je fus pressé de quitter ma pâtisserie inachevée.

«J'étais arraché à mes désirs les plus chers comme l'ouragan arrache l'arbre de la forêt et le jette dans la mer houleuse. Une maison de jeu et de la bière d'orge me causaient encore un grand tort.

«Sasi était brusque, bourru. En me conduisant à travers la ville, je lui racontai le bon travail que j'avais accompli pour Nana-naid et lui dis que j'espérais faire la même chose pour lui. Sa réponse ne m'encouragea pas.

«'Je n'aime pas ce travail. Mon maître ne l'aime pas non plus. Le roi lui a ordonné de m'envoyer construire une section du Grand Canal. Le maître m'a demandé de lui acheter plus d'esclaves, capables de travailler durement, afin de terminer l'ouvrage rapidement.

Bah, comment quelqu'un peut-il finir un si grand travail aussi rapidement?'»

«Imagine le désert sans arbre; seulement de petits arbustes et un soleil tapant avec une telle ardeur que l'eau de nos barils se réchauffait au point que nous pouvions difficilement la boire. Ensuite, imagine des rangées d'hommes descendant dans le trou profond et remontant en traînant des paniers lourds de terre par des sentiers poussiéreux, du matin au soir. Imagine la nourriture servie dans des auges dont nous nous servions comme des porcs. Nous n'avions pas de tentes, pas de paille pour nos lits. Voici la situation qui fut désormais la mienne. J'ai enterré ma bourse dans un endroit marqué, ne sachant pas si un jour je l'en sortirais.

«Au début, je travaillais avec une bonne volonté, mais à mesure que les mois passaient, je sentais mon esprit se briser. Puis la fièvre s'empara de mon corps meurtri. Je perdis mon appétit et mangeai difficilement le mouton et les légumes qu'on nous donnait. Le soir, je me retournais sur ma couche sans pouvoir dormir.

«Dans ma misère, j'envisageais que le plan de Zabado puisse être le meilleur plan, flâner et veiller à ne pas se briser le dos au travail. Mais je me souvins de la dernière fois que je l'avais vu et j'ai su que son plan n'était pas bon.

«Dans mon amertume, je pensai que peut-être que Pirate avait raison et qu'il est préférable de se battre et de tuer. L'image de son corps ensanglanté me rappela alors que son plan aussi était inutile.

«Alors, je me souvins de la dernière fois que j'avais vu Megiddo. Ses mains étaient immensément calleuses à force de travail, mais son cœur était léger et sa figure brillait de bonheur. Son plan était le meilleur.

«Pourtant, j'étais aussi prêt à travailler que Megiddo; il n'aurait pas pu travailler plus dur que moi. Pourquoi mon travail ne m'apportait-il ni bonheur ni succès? Était-ce lui qui avait apporté le bonheur à Megiddo ou le bonheur et le succès étaient-ils simplement entre les mains des dieux? Travaillerais-je jusqu'à ma mort sans jamais satisfaire mes désirs, sans bonheur ni succès? Toutes ces questions se pressaient pêle-mêle dans mon esprit, sans réponse. J'étais douloureusement confus.

«Plusieurs jours après, alors que je me sentais à bout de forces et que mes questions étaient toujours sans réponse, Sasi m'envoya chercher. Un messager était venu de la part de mon maître pour me ramener à Babylone. Je creusai pour récupérer ma précieuse bourse, je la cachai dans ma robe en loques et je partis.

«En m'en allant, les mêmes pensées, comme un ouragan tourbillonnant autour de moi, continuèrent d'assiéger mon cerveau fiévreux. Il me sembla que je vivais les mots étranges d'une chanson de ma ville natale, Harroun:

«Vois l'homme qui, comme un tourbillon

Agit telle une tempête

Que, dans sa fuite, personne ne peut suivre

Et sa destinée, nul ne peut prédire.

«Étais-je voué à être puni pour je ne sais quoi? Quelles misères et quelles déceptions seraient les miennes ?

«Quand nous sommes entrés dans la cour de la maison de mon maître, quelle ne fut pas ma surprise à la vue d'Arad Gula qui m'attendait. Il m'aida à descendre et m'embrassa comme un frère perdu depuis longtemps.

«Sur le chemin, je l'aurais suivi comme un esclave après son maître, mais il ne me l'a pas permis. Il mit son bras autour de mes épaules et dit: 'Je t'ai cherché partout. Alors que j'étais sans espoir de te retrouver, j'ai rencontré Swasti, qui m'a raconté l'histoire du prêteur d'argent qui m'a conduit jusqu'à ton noble maître. Il a négocié un marché difficile et il m'a réclamé un prix excessif mais tu en vaux la peine. Ta philosophie et ta hardiesse ont inspiré mon nouveau succès.'

«'La philosophie de Megiddo, mais pas la mienne', ai-je interrompu.

«'Celle de Megiddo et la tienne. Grâce à vous deux, nous allons à Damas et j'ai besoin de toi comme partenaire. Vois, s'exclama-t-il, dans un moment tu seras un homme libre!' Tout en parlant, il tira de l'intérieur de sa robe une tablette d'argile portant mon titre. La soulevant au-dessus de sa tête, il la lança violemment pour la briser en mille morceaux sur le pavé de pierres. Avec joie, il piétina les fragments jusqu'à les réduire en poussière.

«Mes yeux se remplirent de larmes de reconnaissance. Je savais que j'étais l'homme le plus favorisé de Babylone. Tu vois, le travail, dans ma plus grande détresse, s'est révélé mon meilleur ami. Mon fort désir de travailler m'a permis de ne pas avoir à me joindre aux esclaves travaillant aux murs. Il a aussi impressionné ton grand-père au point qu'il m'a choisi pour être son partenaire.»

Alors Hadan Gula posa la question suivante: «Est-ce que le travail était la clé secrète de mon grand-père pour acquérir des shekels d'or ?»

«C'était la seule clé qu'il détenait lorsque je l'ai connu, répondit Sharru Nada. Ton grand-père aimait travailler. Les dieux ont reconnu ses efforts et l'ont récompensé généreusement.»

«Je commence à comprendre.» Hadan Gula parlait tout en pensant. «Le travail a attiré ses nombreux amis qui admiraient sa persévérance et le succès qu'elle lui procurait. Le travail lui a apporté les honneurs qu'il appréciait tant à Damas. Le travail lui a procuré toutes ces choses auxquelles j'avais consenti. Et je pensais que le travail était fait seulement pour les esclaves.»

«La vie propose de nombreux plaisirs dont les hommes peuvent profiter, commenta Sharru Nada, et chacun a sa place. Je suis content que le travail ne soit pas uniquement pour les esclaves. Si c'était le cas, je perdrais mon plus grand plaisir. J'aime beaucoup de choses mais rien ne remplace le travail.»

Sharru Nada et Hadan Gula avancèrent dans l'ombre des murs très élevés vers les impressionnantes portes de bronze de Babylone. À leur arrivée, les gardiens de la porte se mirent au garde-à-vous et saluèrent respectueusement l'honorable citoyen. La tête haute, Sharru Nada dirigea la longue caravane à travers les portes et dans les rues de la ville.

«J'ai toujours voulu ressembler à mon grand-père, lui confia Hadan Gula. Je n'avais jamais compris quelle sorte d'homme il était. Vous me l'avez appris.

Maintenant que je comprends, je l'admire bien plus et me sens encore plus déterminé à lui ressembler. J'ai peur de ne jamais pouvoir vous rembourser pour m'avoir révélé la vraie clé de son succès. À partir de ce jour, j'utiliserai cette clé. Je commencerai humblement comme lui; ce qui conviendra à ma vraie condition beaucoup mieux que des bijoux et de belles robes!»

Joignant le geste à la parole, Hadan Gula retira les boucles de ses oreilles et les bagues de ses doigts. Alors, il rendit la bride à son cheval, prit du recul puis continua le chemin derrière le chef de la caravane avec un profond respect pour celui-ci.

## UN SOMMAIRE HISTORIQUE DE BABYLONE

Dans les livres d'histoire, nous ne trouvons aucune ville plus attrayante que Babylone. Son nom même évoque des images de richesses et de splendeurs. Ses trésors d'or et de bijoux étaient fabuleux. On pourrait croire qu'une telle ville ne peut être nichée que dans un site merveilleux, sous un climat tropical luxuriant, bordée de riches ressources naturelles de forêts et de mines. Tel n'était pas le cas. Elle s'étendait le long des rives de l'Euphrate dans une vallée plate et aride. Point de forêt, point de mine, même pas des pierres de construction. Elle n'était même pas située sur une voie naturelle de commerce et la pluie était insuffisante pour les cultures.

Babylone est un exemple extraordinaire de la force de l'homme à atteindre de grands objectifs à partir des moyens mis à sa disposition. Toutes ses ressources avaient été développées par l'homme. Toutes ses richesses provenaient du seul travail de l'homme.

Babylone ne possédait que deux ressources naturelles — un sol fertile et l'eau du fleuve. Grâce à l'une des plus grandes réalisations techniques de tous les temps, les ingénieurs babyloniens ont dévié les eaux du fleuve avec des barrages et d'immenses canaux d'irrigation. Ces canaux traversaient cette vallée aride de toutes parts pour apporter de l'eau au sol fertile, et donc la vie.

Ces réalisations sont considérées parmi les premiers travaux d'ingénierie connus de l'histoire. Ce système d'irrigation aboutit à des récoltes abondantes comme on n'en avait jamais connu auparavant.

Heureusement, pendant sa longue existence, Babylone fut dirigée par des lignées successives de rois pour qui les conquêtes et le pillage furent seulement occasionnels. Bien que la ville se soit engagée dans plusieurs guerres, la plupart ne furent que locales ou défensives contre des conquérants ambitieux venus d'ailleurs qui convoitaient les trésors fabuleux de Babylone. Les chefs extraordinaires de Babylone sont passés à l'histoire, à cause de leur sagesse, leur hardiesse et leur justice. Babylone n'a pas connu de monarques orgueilleux qui cherchaient à conquérir le monde connu et contraindre les nations à leur rendre hommage. Babylone, en tant que ville, n'existe plus. Quand ces forces humaines énergiques, qui ont construit et maintenu la ville pendant des milliers d'années, se sont retirées, elle est vite devenue une ruine désertée. La ville était située en Asie, à environ mille kilomètres à l'est du Canal de Suez, juste au nord du Golf Persique. Sa latitude est d'environ trente degrés au-dessus de l'équateur, très proche de celle de Yuma, en Arizona. Elle possédait un climat similaire à celui de cette ville américaine, chaud et sec.

Cette vallée de l'Euphrate, autrefois fortement agricole, n'est plus aujourd'hui qu'une plaine aride balayée par le vent. L'herbe rare et les arbustes du désert luttent contre les sables poussés par le vent. Les champs fertiles, les grandes villes et les longues caravanes de riches marchands ont disparu.

Seules quelques tribus d'Arabes nomades y habitent encore, assurant leur maigre subsistance en gardant de petits troupeaux. Il en est ainsi depuis les débuts de l'ère chrétienne.

Cette vallée est parsemée de collines. Pendant des siècles, ces monticules de terre ont été considérés comme des collines par les voyageurs. L'attention des archéologues fut finalement attirée par des morceaux de poterie et de briques délavés par des pluies occasionnelles. Des expéditions financées par des musées européens et américains furent envoyées pour effectuer des fouilles. Les pics et les pelles ont vite révélé que ces collines étaient d'anciennes villes. Elles pourraient bien être appelées tombeaux de villes.

Babylone était l'une d'elles. Les vents l'avaient couvert de la poussière du désert pendant une vingtaine de siècles. Initialement construits en briques, tous les murs s'étaient désintégrés et étaient retournés à la terre. Voilà ce qu'il reste de la riche ville de Babylone aujourd'hui. Un tas de terre si longtemps abandonné que personne ne connaissait son nom jusqu'à ce qu'on dévoile les débris accumulés pendant des siècles dans les rues et les décombres tombés de ses nobles temples et palais.

Certains scientifiques considèrent que la civilisation babylonienne et celle des autres villes de cette vallée sont les plus vieilles sur lesquelles nous possédons des informations. On a prouvé certaines dates de manière positive, remontant jusqu'à 8000 ans en arrière. Il est intéressant de noter la méthode appliquée pour déterminer ces dates. Dans les ruines de Babylone, on a découvert des descriptions d'une éclipse du soleil. Les astronomes modernes ont rapidement calculé le temps d'une telle éclipse visible à Babylone et ont pu, par conséquent, établir la relation que l'on connaît entre leur calendrier et le nôtre.

De cette façon, on a pu établir qu'il y a 8000 ans, les Sumérites qui habitaient la Babylonie, vivaient dans des villes fortifiées. On ne peut que supposer le nombre de siècles pendant lesquels ces villes ont existé. Leurs habitants n'étaient pas de vulgaires barbares vivant à l'intérieur de murs protecteurs. C'étaient des gens cultivés et intelligents. Aussi loin que nous possédons une histoire écrite, ils furent les premiers ingénieurs, les premiers astronomes, les premiers mathématiciens, les premiers financiers et le premier peuple à utiliser une langue écrite.

On a déjà parlé des systèmes d'irrigation qui transformèrent la vallée aride en un paradis de cultures. Les canaux sont encore discernables, même s'ils sont presque entièrement remplis de sable. Certains étaient tellement larges que lorsqu'il n'y avait pas d'eau, une douzaine de chevaux pouvaient galoper de front dans leur lit. Ils rivalisent très probablement avec les plus larges canaux du Colorado et de l'Utah.

En plus d'irriguer les terres de la vallée, les ingénieurs babyloniens ont réalisé un autre projet d'une semblable grandeur. Ils ont mis au point un système de drainage pour assécher l'immense région marécageuse à l'embouchure de l'Euphrate et du Tigre et la rendre cultivable.

Hérodote, voyageur et historien grec, a visité Babylone alors qu'elle était à son apogée et il nous en a laissé la seule description écrite par un étranger que nous connaissions.

Ses écrits fournissent une description pittoresque de la ville et de certaines coutumes peu habituelles de ses gens. Il mentionne la fertilité remarquable du sol et les moissons abondantes de blé et d'orge qu'on récoltait.

La gloire de Babylone n'est plus mais sa sagesse nous a été conservée. Cette trace, nous la devons à leurs archives. À cette époque lointaine, le papier n'existait pas encore. À la place, les gens gravaient laborieusement leurs écrits sur des tablettes d'argile humide. Quand elles étaient terminées, elles étaient cuites et devenaient solides. Leur dimension était généralement de six pouces sur huit, sur une épaisseur d'un pouce.

Ces tablettes d'argile, comme on les appelle communément, servaient de support d'écriture comme nous utilisons ceux, modernes, d'aujourd'hui. On y gravait des légendes, de la poésie, de l'histoire, des décrets royaux, les lois du pays, des titres de propriété, des billets à ordre et même des lettres que des messagers portaient vers des villes lointaines. Grâce à ces tablettes d'argile, il nous a été permis d'avoir un aperçu des affaires intimes des gens. Par exemple, une tablette, venant vraisemblablement des dossiers du magasinier du pays, raconte qu'à une date précise, un client apporta une vache et l'échangea contre sept sacs de blé, trois remis immédiatement et les quatre autres, au gré du client.

Les archéologues ont récupéré des bibliothèques entières de ces tablettes, des centaines de milliers protégées par les décombres des villes. Les murs immenses qui entouraient la ville n'étaient que l'une des merveilles extraordinaires de Babylone.

Pour les anciens, ils valaient bien les pyramides d'Égypte appartenant aux sept merveilles du monde. Les premiers murs de la ville sont attribués à la reine Semiramis. Les archéologues modernes ont été incapables de trouver les vestiges des murs originaux. Ils n'en connaissent pas non plus la hauteur exacte. Selon les écrits des anciens, ils mesuraient environ cinquante à soixante pieds, sur le côté extérieur, étaient fabriqués de briques cuites et étaient entourés par un profond fossé d'eau.

Les murs les plus récents et les plus célèbres ont été érigés environ 600 ans avant Jésus-Christ par le roi Nabopolassar. Son projet était cependant trop colossale qu'il n'a pas vécu assez longtemps pour le mener à bien. C'est donc son fils Nabuchodonosor, dont le nom est familier dans la Bible, qui les acheva.

La hauteur et la longueur de ces murs plus récents sont stupéfiantes. Une autorité digne de confiance a estimé la hauteur des murs à environ cinquante-deux mètres, soit la hauteur d'un immeuble moderne de quinze étages. Ils s'étalaient sur quinze à dix-sept kilomètres. Le dessus était si large qu'un char tiré par six chevaux pouvait y circuler. Il ne reste presque rien de cette formidable structure excepté quelques fondations et le fossé. Outre les ravages de la nature, les Arabes ont transporté les briques pour aller construire ailleurs.

Tour à tour, les puissantes armées de presque toutes les nations de cette période marchèrent à la conquête de Babylone. Toutes assiégèrent Babylone, mais toujours en vain. En ces temps-là, les armées des envahisseurs n'étaient pas négligeables.

Les historiens mentionnent des chiffres tels que 10 000 cavaliers, 25 000 chars et 1200 régiments de fantassins de 1000 hommes chacun. Il fallait souvent deux ou trois années de préparation pour rassembler le matériel de guerre et la nourriture le long de la ligne de marche choisie.

La ville de Babylone était organisée presque comme une ville moderne, avec des rues et des boutiques. Les colporteurs proposaient leurs marchandises dans les quartiers riches. Les prêtres officiaient dans des temples somptueux. À l'intérieur de la ville, une enceinte isolait les palais royaux. On dit que ces murs étaient plus hauts que ceux de la ville.

Les Babyloniens étaient d'habiles artisans, excellant dans la sculpture, la peinture, le tissage, le travail de l'or et la fabrication d'armes de métal et de machines agricoles. Les joailliers créaient des bijoux admirables. Plusieurs d'entre eux ont été récupérés des tombes de riches citoyens et sont exposés dans les grands musées du monde.

Alors que le reste du monde coupait les arbres avec des haches à tête de pierre et chassait ou guerroyait avec des lances et des flèches à pointe en pierre, les Babyloniens disposaient de haches, de lances et de flèches à têtes en métal.

Les Babyloniens étaient des financiers et des commerçants intelligents. Beaucoup leur attribuent la création de l'argent comme moyens d'échange, de billets et de titres de propriété écrits.

Babylone a finalement été conquise par des ennemis hostiles vers 540 ans avant la naissance du Christ. Même alors, les murs n'ont pas été pris. Sa chute est des plus inhabituelles.

Cyrus, un des grands conquérants de cette époque, projetait d'attaquer la ville et de conquérir ses murs imprenables. Les conseillers de Nabonidus, le roi de Babylone, le persuadèrent d'aller au devant de Cyrus et de l'affronter sans attendre que la ville ne soit assiégée. À la suite de défaites consécutives, l'armée babylonienne s'enfuit de la ville. Cyrus entra alors par les portes ouvertes et prit possession de la ville, qui se rendit sans résistance.

Par la suite la puissance et le prestige de la ville déclinèrent graduellement jusqu'à ce que, en l'espace de quelques centaines d'années, la ville soit abandonnée, désertée et laissée aux vents et aux tempêtes qui la rendirent au désert duquel elle était sortie. Babylone était tombée pour ne jamais plus se relever, mais nous devons beaucoup à sa civilisation.

**Le temps a réduit à la poussière les murs fiers de ses temples, mais non la sagesse de Babylone subsiste encore aujourd'hui.**

www.ingramcontent.com/pod-product-compliance
Lightning Source LLC
Chambersburg PA
CBHW031357040426
42444CB00005B/322